Lassy Mbouity

Révolution de l'éducation africaine

2

Lassy Mbouity, né le 15 Octobre 1988 à Brazzaville, est un écrivain et homme politique congolais. Il est actuellement un organisateur de communauté en Afrique, en Europe et aux États-Unis.

Du même auteur

Histoire de la République du Congo

Histoire de la République démocratique du Congo

Histoire de la République centrafricaine

Histoire de la République gabonaise

Autonomisation politique de la jeunesse africaine

La lutte contre la corruption et les conflits d'intérêts

4

Table des Matières

Langue maternelle

Sexe

Classe sociale

Croyances et pratiques spirituelles

Capacité physique et mentale

L'Âge

Niveau d'instruction

Situation familiale

État de santé

Style de vie

Compétences et talents

Idées

L'expérience militaire

Zone géographique

La propriété des biens

Statut professionnel

Statut socioéconomique

La diversité

L'engagement

Réconciliation

Bilan général

Organisation sociale

Communauté inclusive

Transformation des conflits

Le leadership

Introduction

Les révolutions de la jeunesse africaine changent et intensifient les défis de l'éducation à la citoyenneté responsable.

Une jeunesse consciente reflète les expériences, les espoirs et les valeurs de tous les citoyens des pays africains. Une jeunesse positive s'impose sur le genre de culture négative qui a existé pendant la plupart de notre histoire : ce qui reflète un groupe culturel dominant.

Notre défi, en tant que leader de la jeunesse africaine, est d'établir une mentalité authentique, civique, dans laquelle les citoyens des communautés raciales, ethniques et culturelles diverses participeront.

Dans ce livre, nous avons déjà commencé. Nous parlerons de la diversité, pourquoi est-elle importante, comment commencer à envisager une communauté diversifiée, et comment mettre en place un environnement qui favorisera la diversité.

En travaillant avec les gouvernements, les organisations diversifiées et dans la communauté, tous les jeunes constateront qu'il y a beaucoup plus à faire.

Dans ce livre, nous allons parler de la façon dont les jeunes peuvent prendre conscience de notre propre culture, établir des relations avec des cultures différentes, devenir des partenaires pour les personnes victimes de discrimination, surmonter l'oppression intériorisée, mais surtout apprendre comment construire des organisations multiculturelles et des coalitions.

L'amitié est la base de l'épanouissement. Elle fait la connexion vers le prochain qui donne un sens à nos vies. Prendre soin de l'autre est souvent ce qui nous motive à faire des changements. Et établir des connexions avec des personnes d'horizons divers peut être la clé pour faire des changements importants dans nos communautés.

En tant qu'individu ou groupe d'individus, nous pouvons changer nos communautés. Nous pouvons mettre en place des quartiers et des institutions dans lesquelles les gens s'engagent à travailler pour former des relations solides et des alliances avec des gens de diverses cultures et origines. Nous pouvons établir des réseaux et des coalitions dans lesquelles les gens sont bien informés sur les luttes des uns et des autres, et sont prêts à donner un coup de main. Ensemble, nous pouvons le faire.

Les gens ordinaires sont aussi intelligents et capables de faire la différence comme des experts. Nous avons la capacité de comprendre comment résoudre nos problèmes et de transformer nos communautés en des endroits où tout le monde aura la possibilité de vivre une vie pleine et satisfaisante.

L'oppression intériorisée empêche les gens de s'unir, en rendant difficile le travail d'ensemble. C'est douloureux quand les gens se limitent à cause de la discrimination et de l'oppression qu'ils ont vécue.

Heureusement que grâce à l'éducation, nous pouvons aujourd'hui comprendre comment faire pour surmonter l'oppression. Il suffit de comprendre comment cela fonctionne pour aider les gens autour de certaines situations.

Éliminer et surmonter la discrimination et l'oppression peut aller plus loin dans la création de collectivités plus efficaces. Détruire la discrimination et l'oppression peut être une question clé pour l'autonomisation des communautés afin qu'elles puissent faire le travail qui doit être fait.

Comme nous apprenons à être plus engagés et à prendre soin des uns et des autres, nous allons construire une base solide pour changer nos communautés. Plus la confiance et l'engagement détermineront l'avenir de nos jours en tant que jeune ou groupe de jeunes, mieux elles seront efficaces pour résoudre les vrais problèmes.

La vie dans une société diversifiée exige que nous ayant la connaissance, que nous prenons soins de notre environnement, et que nous agissons face à nos situations. En d'autres termes, nous devons en apprendre davantage sur les autres et comprendre leurs problèmes, prendre soin des autres avec nos cœurs, et prendre les mesures nécessaires pour faire en sorte que chacun de nous soient bien traités et que justice soit faite. Voilà, en gros, ce qui fait un citoyen responsable.

Nous avons tous la capacité de profondément prendre soin des uns et des autres. Nous avons tous la capacité d'apprendre et de prendre des mesures. Pourquoi attendre que quelqu'un d'autre vous donne la permission de prendre des initiatives ? Vous pouvez faire la différence dans la vie des autres et de votre communauté. Vous pouvez être un leader pour tout le monde, à tout moment, en tant qu'individu, ou en tant que membre d'une organisation. Cela fera une grande différence aujourd'hui et dans l'avenir.

Les efforts doivent être réalisés et les opportunités créées pour aider les membres de différents groupes ethniques et culturels à apprendre, reconnaître et respecter leurs similitudes et leurs différences. Si vos ressources sont limitées, vous pourriez peut-être envisager des moyens pour mener une activité à petite échelle qui transmet tous les composants, plutôt que d'une activité à grande échelle qui met l'accent sur l'un des seuls composants.

La construction d'une communauté africaine développée et moderne signifie changer la façon dont les gens pensent des autres cultures, comment ils communiquent, et comment ils fonctionnent.

Cela signifie que la structure, le leadership et les activités d'une organisation doivent refléter de nombreuses valeurs, perspectives, styles et priorités.

L'amélioration des mentalités africaines est seulement la première étape. Une communauté culturellement compétente souligne également les avantages de la diversité culturelle, des contributions de chaque culture, encourage les résultats positifs de l'interaction avec de nombreuses cultures et soutient le partage du pouvoir entre les différentes cultures. Pour vraiment changer, une communauté doit s'engager à la programmation continue, l'évaluation et la création d'un lieu qui est inclusif pour toutes les cultures et encourager la diversité.

La collaboration est un processus impliquant les organisations qui travaillent vers un but : personne ne peut atteindre un but seul. Le processus exige un engagement à long terme et une compréhension qu'il y aura partage des risques, des responsabilités et des récompenses.

Une collaboration réussie doit être fondée sur le respect mutuel, une valorisation de la différence, la confiance, un plan, beaucoup de patience, la détermination à adopter de nouvelles attitudes et à tirer dans les partenaires qui ne sont généralement pas impliqués, et surtout, le sens du but commun.

La collaboration multiculturelle ajoute le défi de surmonter les obstacles à la communication des différentes cultures, le patrimoine ethnique, les valeurs, les traditions, la langue, l'histoire, le sens de soi et les attitudes ethniques.

Ces obstacles doivent être vaincus pour que la collaboration réussisse. Les participants à une collaboration multiculturelle efficace doivent avoir un leadership inclusif pour comprendre et aspirer à la diversité, tout en traitant les problèmes et les conflits sur le parcourt. Si l'accent reste sur l'objectif commun et l'égalité pour toutes les personnes impliquées, la collaboration aura une grande chance de succès.

La transformation des différences est importante dans les communautés africaines pour résoudre les conflits et promouvoir la paix entre les groupes de différentes ethnies et cultures.

C'est est un processus qui demande le temps, la patience, l'humilité, l'engagement à long terme, et la volonté de faire confiance et de prendre des risques.

Les principaux éléments du processus sont les parties conscientes du problème, l'engagement de travailler ensemble, l'identification des causes profondes des conflits et la conciliation des différences, l'élaboration d'un avenir commun et connecté, et l'élaboration des stratégies et des actions durables.

La construction d'une communauté africaine développée et moderne ne sera pas facile ; les résultats ne se produiront pas du jour au lendemain. Il faut du temps, de la patience, de la persévérance et du courage, parce que ce travail est basé sur le changement des mentalités, des attitudes, des comportements et des politiques.

La construction d'une communauté africaine développée et moderne exigera des stratégies qui fonctionneront à plusieurs niveaux des citoyens africains, des pays africains et des institutions africaines.

Comprendre la culture et la diversité dans les collectivités

En tant que leader et citoyen africain, la compréhension et l'unification des cultures sont une obligation. Que vous viviez en Afrique centrale ou en Afrique de l'Ouest, que vous viviez à Brazzaville, Libreville, Bamako, Abidjan, Dakar ou au nord vers le Maroc, l'Algérie et la Tunisie, vous devrez travailler pour établir des bonnes relations avec les autres frères africains de cultures différentes.

Qu'est-ce que la culture Africaine ?

La culture africaine se réfère aux groupes ou aux communautés qui partagent des expériences communes et qui organisent la manière dont ses membres comprennent la vie, l'humanité.
La culture africaine est composée des groupes ethniques, de races, de sexes et de religions.
Elle peut également inclure les groupes de peuples nomades. Par exemple, il est possible d'acquérir une nouvelle culture en se déplaçant vers un nouveau pays ou une région et à partir du changement de la situation économique.

Quand nous pensons à la culture africaine, nous réalisons que nous appartenons tous à de différentes cultures.

La culture africaine est une partie importante de la vie des êtres humains qui vivent sur notre continent. Elle influence nos opinions, nos valeurs, nos humeurs, nos espoirs, notre loyauté, nos inquiétudes et nos craintes.

Que vous soyez Sénégalais, Ivoirien, Togolais, Congolais, Centrafricain, Camerounais, Gabonais, Ougandais, Zimbabwéen, Kenyan, Algérien, Marocain, Tunisien, Égyptien, Tchadien, Libyen, Nigérian, Nigérien, Ethiopien, Djiboutien, Bantou, Mandingue, Peul, Touareg, Wolof, Pygmée ou Berbère, nous sommes tous des africains.

Ainsi, lorsque vous travaillez avec des gens et établissez des relations avec eux, il est utile d'avoir une certaine perspective et compréhension des autres cultures.

Mais comme nous explorons la culture, il est également important de se rappeler combien nous avons en commun. Une personne qui a grandi en Mauritanie, regardera probablement le monde différemment que quelqu'un qui a grandi à Antananarivo - mais les deux personnes savent définissent la vie de la même manière.

Nous sommes tous les êtres humains. Nous aimons tous profondément, apprendre, avoir des espoirs et des rêves, et nous avons connu la douleur et la peur.

Dans le même temps, nous ne pouvons pas prétendre que nos cultures et les différences ne comptent pas. Nous ne pouvons pas passer sous le silence des différences et faire semblant qu'elles n'existent pas, même si nous souhaitons que nous pourrions un jour être semblables. Et nous ne pouvons pas prétendre qu'il n'existe pas la discrimination.

Ce livre vous donnera des informations pratiques sur la façon de comprendre la culture, établir des relations avec des personnes de cultures différentes, agir contre le tribalisme, le régionalisme, l'africanisme, le racisme et d'autres formes de discrimination, créer des organisations dans lesquelles divers groupes pourront travailler ensemble, surmonter l'oppression intériorisée et bâtir des collectivités fortes et diversifiées.

L'importance et la compréhension de la culture dans la construction communautaire

Comment se lancer dans la construction de communautés qui encouragent la diversité

Mais d'abord, il est important de se rappeler que tout africain a un point de vue important et un rôle à jouer dans la culture.

Vous ne devez pas être un expert pour établir des relations avec des personnes différentes de vous-même ;

Vous ne devez pas avoir un diplôme supérieur pour apprendre à devenir sensible aux questions culturelles ;

Vous ne devez pas être un travailleur social pour savoir comment la culture a affecté votre vie.

Bâtisseurs communautaires

L'Afrique est de plus en plus diversifiée. Au tournant du siècle, une personne sur trois sera métissée.

D'après nos études, plus de 5 millions de migrants d'Afrique de l'Ouest sont venus en Afrique centrale entre 1960 et 2000, et un nombre indéterminé de migrants sans papiers entrent en Afrique Australe chaque année.

En outre, l'Union Africaine (UA) comprend l'importance de promouvoir l'intégration africaine des personnes de nombreuses religions, langues, groupes économiques et culturels.

Il devient clair que, pour bâtir des collectivités qui réussiront à améliorer les conditions et résoudre nos problèmes, nous avons besoin d'accepter et d'apprécier nos nombreuses cultures, établir des relations avec les autres cultures et de construire des alliances solides avec les différents groupes culturels. Cependant, nous avons besoin de réunir les groupes traditionnels dans le centre de l'activité civique.

Pourquoi ?

Afin de bâtir des collectivités qui sont assez puissants pour atteindre des changements importants, nous avons besoin d'un grand nombre de personnes qui travaillent ensemble.

Si les groupes culturels unissent leurs forces, ils seront plus efficaces pour atteindre des objectifs communs, que si chaque groupe opère dans l'isolement.

Chaque groupe culturel a des atouts et des perspectives uniques que la collectivité peut bénéficier. Nous avons besoin d'un large éventail d'idées, des coutumes et la sagesse pour résoudre nos problèmes et enrichir la vie communautaire.

Apporter des groupes traditionnels dans le centre de l'activité civique peut fournir de nouvelles perspectives et émettre une nouvelle lumière sur nos problèmes.

Comprendre les cultures nous aidera à surmonter et prévenir les divisions ethniques et raciales. Les divisions raciales et ethniques entraînent des malentendus, la perte d'opportunités et parfois la violence. Les conflits ethniques drainent les communautés de ressources financières et humaines ; ils détournent les groupes culturels du véritable objectif qui est de résoudre les principaux problèmes que nous avons en commun.

Tous les africains doivent être inclus dans le processus de prise de décision afin que nos programmes politiques soient efficaces.

Les personnes touchées par une décision doivent être impliqués dans la formulation de solutions – voilà le principe démocratique de base.

Sans l'apport et le soutien de tous les groupes concernés, la prise de décision, la mise en œuvre, et le suivi sont beaucoup moins susceptibles de se produire.

Une appréciation de la diversité culturelle va de pair avec une société juste et équitable.

Par exemple, nos recherches ont montré que lorsque les cultures des étudiants sont comprises et appréciées par les enseignants d'une université, les étudiants réussissent mieux.

Les étudiants se sentent mieux acceptés, ils se sentent comme une partie de la communauté, travaillent plus mieux et réussissent mieux dans leurs études.

Si nous ne comprenons pas les influences que les groupes culturels ont eu sur notre histoire et la culture dominante, nous sommes passeront à côté d'une vue précise de notre société et de nos collectivités.

Comme nous pensons à la diversité, il peut être utile d'envisager le genre de communauté culturelle que nous voulons construire.

Afin de fixer des objectifs liés à l'établissement de relations entre les cultures, la résolution des différends et la construction de plusieurs coalitions permettront d'avoir une vision du genre de communauté culturelle que nous espérons.

Quel genre de culture communautaire envisageons-nous ?

Les africains ont des opinions très différentes en ce qui concerne une société multiculturelle ou sur ce que la communauté devrait être ou pourrait être.
Au cours des dernières décennies, il y a eu beaucoup de discussions sur ce que signifie vivre et travailler ensemble dans une société mieux diversifiée que la nôtre.
Les africains luttent avec des visions différentes pour promouvoir une société juste, équitable, moral et harmonieux.

Comment nos pays seront unifiés si les gens se séparent en de nombreux groupes culturels différents ?

Pour réaliser le rêve africain, nous devons répondre aux questions suivantes :

Pourquoi le tribalisme persiste dans nos pays qui se consacre à l'égalité et à la liberté ?

Comment puis-je protéger mes enfants contre les influences néfastes de la culture plus large ? Comment puis-je inculquer à mes enfants les valeurs morales de ma propre culture, mais encore de les exposer à une variété de points de vue ?

Y at-il des problèmes structurels de nos gouvernements ou systèmes économiques qui servent à diviser les groupes culturels ?

Comment peuvent-ils être modifiés ?

Dois-je mettre mon immeuble communautaire et les énergies civiques dans ma propre communauté culturelle, plutôt que la culture dominante ?

Où puis-je avoir la plus grande influence ?

L'oppression peut être arrêté par la législation ou chaque personne doit surmonter ses préjugés individuels, ou les deux ?

Pourquoi les migrants doivent se tenir sur leurs propres cultures et langues quand ils vont vivre dans un autre pays africain ?

Comment puis-je protéger mes enfants contre le tribalisme ou le régionalisme et d'autres formes de discrimination si nous vivant dans une société diversifiée ?

Dois-je les envoyer à une école de mon ethnie, ou une autre école appropriée ?

Si chaque africain surmonte ses propres préjugés, toutes les divisions disparaitront ?

Comment puis-je surmonter mes préjugés ?

Est-ce préjudice une chose du passé ?

Pourquoi ne pouvons-nous pas tous nous entendre ?

Que pensez-vous de ces questions ?

Quels sont les problèmes que nous cherchons à résoudre ? Quelles autres questions sont importantes pour nous ou notre groupe culturel ?

Comme nous envisageons un genre de communauté diversifiée, nous et nos voisins pourrons envisager ce genre de questions.

Voici quelques-unes des questions réelles et difficiles que les africains se débattent sur une base quotidienne.

Ces questions soulignent certaines des tensions qui se posent alors que nous essayons de bâtir des communautés harmonieuses, actives et diverses dans nos pays.

Il n'y a pas de réponses faciles ; nous apprenons tous lorsque que nous découvrons.

Alors, en tant qu'humain, quel genre de communauté envisagez-vous pour vous-même ?

Comment la diversité sera abordée dans votre communauté ? Si vous pouvez avoir votre communauté idéale dès maintenant, à quoi ressemblerait-il ?

Si vous ne pouvez pas avoir votre communauté idéale dès maintenant, quelles seront les prochaines étapes à suivre dans la construction du genre de communauté culturelle que nous souhaitons ?

Voici quelques questions qui peuvent vous aider à réfléchir sur votre communauté :

Qui vit dans votre communauté en ce moment ?

Quels types de diversité existent déjà ?

Quels types de relations sont établis entre les groupes culturels ?

Les différents groupes culturels sont-ils bien organisés ?

Quel genre de luttes entre les cultures existe ?

Quel genre de luttes au sein de groupes culturels existe ?

Y at-il des efforts pour construire des alliances et des coalitions entre les groupes ?

Quels sont les problèmes que les différents groupes culturels ont en commun ?

Voici quelques-unes des questions qui peuvent vous aider à penser à votre façon de construire le genre de communauté que vous espérez.

Quelles autres questions pensez-vous sont importantes à considérer ? Quelles sont vos prochaines étapes ?

Comment pouvons-nous commencer ?

Voici quelques idées qui vous aideront à préparer le terrain pour la création de votre vision d'une communauté diversifiée.

Les conseils utiles pour commencer à construire une communauté diversifiée

Une fois mis en pratique, mes conseils aideront à créer un environnement favorable pour la construction de diverses communautés.

Les lignes directrices sont les suivantes :

Union, association, groupement, alliance, bloc, communion, fusion

Afin que les africains s'engagent à travailler sur la diversité, chaque individu a besoin de sentir inclus et important dans sa communauté.

Que ton voisin soit un homme, une femme, un enfant, un handicapé, un homosexuel, une lesbienne, un noir, un blanc, un métis, un albinos, un chrétien ou musulman, un pauvre ou riche, chaque personne a besoin de se sentir accueilli dans le but de créer une communauté diversifiée. Et chaque personne a besoin de savoir que sa culture est importante pour les autres.

Culpabilité

Avant de blâmer, il faudrait toujours chercher à voir si l'on ne peut d'abord excuser.
Critiquer ou incriminer une personne n'est pas une bonne méthode de construire une communauté diversifiée car cela ne l'encourage pas à prendre des mesures pour changer.

Les hommes sont plus susceptibles de changer quand ils sont appréciés et aimés, pas condamnés ou culpabilisés.

Considération

Bien que chaque être humain soit naturellement unique, certains d'entre nous ont été maltraités ou opprimés parce que nous sommes un membre d'un groupe particulier.
Si nous ignorons les différences actuelles ou historiques, nous ne pourrons pas comprendre les besoins des autres.
Souvent, nous avons peur que la reconnaissance des différences divise les uns des autres.
Cependant, l'apprentissage des différences culturelles peut effectivement rapprocher les hommes, car il peut révéler des éléments importants sur la vie chacun. Cela peut nous aider à comprendre ce que nous avons en commun en tant qu'êtres humains.

Informations

En Afrique, nous sommes quotidiennement bombardés par des journaux et des reportages télévisés très négatifs. Les gens ont du mal à se développer lorsqu'il n'y a aucun espoir de changement.

Lorsque vous présentez les questions de diversité, il est mieux d'être positif et de prononcer des paroles comme : ceci est une excellente occasion de tirer parti des atouts de cette organisation ou il n'y a aucune raison pour laquelle nous ne pouvons pas résoudre ce problème ensemble.

Travailler en équipe est la façon la plus efficace de créer des changements institutionnels et communautaires

Vous serez plus efficace si vous avez un groupe de personnes autour de vous qui travaille en étroite collaboration.

Les gens essaient souvent de faire cavalier seul, mais nous pouvons perdre de vue nos objectifs, puis se décourager lors du travail en solo.

Il est important de prendre le temps de développer des relations solides avec un noyau de personnes, puis travailler ensemble en tant que groupe.

Reconnaitre et travailler avec la diversité déjà présente dans les groupes homogènes

En travaillant pour combattre le tribalisme et d'autres formes d'oppression, beaucoup de gens se découragent quand ils sont incapables de créer un groupe diversifié.

Commençant par reconnaitre nos différences entre les religions, l'orientation sexuelle, la socio-économie et la parentalité qui contribueront à créer un climat harmonieux ; donc il faut que les africains commencent à devenir plus inclusif.

Chacun de nous peut construire les types de communautés que nous rêvons. Dans nos familles, nos organisations, nos institutions et nos quartiers, nous pouvons insister afin que nous ne restons pas éloignés de ceux qui sont différents de nous.

Nous pouvons transformer nos quartiers, nos institutions et nos gouvernements en des communautés équitables, non oppressives, et diverses.

Bâtir des relations avec des gens de différentes cultures

Les relations sont puissantes. Nos connexions entre africains seront à la base du changement. Et le renforcement des relations avec des personnes de cultures différentes, souvent de nombreuses cultures différentes, est la clé dans la construction de diverses communautés qui seront assez puissants pour atteindre nos objectifs importants.

Que vous voulez vous assurer que vos enfants reçoivent une bonne éducation, des soins de santé de qualité dans vos communautés, ou de promouvoir le développement économique, il y a une bonne chance que vous aurez besoin de travailler avec des gens de plusieurs différents groupes ethniques, de langue, ou de groupes économiques. Et afin de travailler avec des gens de différents groupes culturels de manière efficace, vous aurez besoin d'établir des relations solides et bienveillantes fondées sur la confiance, la compréhension et des objectifs communs.

Pourquoi ? Parce que des relations de confiance sont les fondations qui maintiennent les groupes de gens qui travaillent sur un problème commun.

Comme les africains travaillent sur des problèmes difficiles, ils doivent s'accrocher ensemble quand les choses deviennent difficiles. Ils doivent se soutenir mutuellement, même quand ils se sentent découragés. Les africains doivent résister aux efforts de ceux qui utilisent des techniques de division pour régner - opposant un groupe culturel contre un autre.

Que vous soyez Bantou, Peul, Dioula, Touareg Berbère, Haoussa, chrétien, musulman, ou de tout autre groupe racial, ethnique, religieux ou socio-économique, vous aurez probablement besoin d'établir des relations avec des personnes des groupes que vous savez peut-être très peu.

Chacun de nous est le carrefour de l'autre.

Chacun de nous peut établir des relations et des amitiés autour de nous-mêmes qui nous fournissent la force nécessaire pour atteindre les objectifs communautaires. Si chaque personne construit un réseau de relations diverses et solides, nous pouvons nous rassembler et résoudre les problèmes que nous avons en commun.

Prendre conscience de sa propre culture est la première étape dans l'apprentissage de la culture des autres

Construire des relations avec des gens de nombreuses cultures différentes est la base du développement de l'Afrique.

Mais d'abord nous allons parler de ce qu'est la culture. La culture est un concept complexe, avec beaucoup de définitions différentes.

Mais, tout simplement, la culture fait référence à un groupe ou une communauté avec laquelle nous partageons des expériences communes qui façonnent la manière dont nous comprenons le monde.

Elle comprend les groupes dans lesquelles nous sommes nés, tels que le sexe, l'ethnie, l'origine nationale, la classe ou la religion. Elle peut également inclure les groupes que nous joignons ou faisons partie dans l'avenir.

Par exemple, nous pouvons acquérir une nouvelle culture en se déplaçant vers une nouvelle région, par un changement de notre situation économique, ou en devenant handicapé. Quand nous pensons à la culture, nous réalisons globalement que nous appartenons tous à de nombreuses cultures à la fois.

Êtes-vous d'accord ? Comment cela pourrait-il s'appliquer à vous ?

Comment allez-vous faire connaissance des autres cultures ?
Commencez par prendre conscience de votre propre culture.

La charité bien ordonnée commence par soi-même.

Il peut sembler étrange que, pour en apprendre davantage sur les personnes des autres cultures, nous commençons d'abord par devenir plus conscients de notre propre culture.

**Mais nous croyons que cela est vrai.
Pourquoi ?**

Si vous n'avez pas eu la chance de comprendre comment votre culture vous a touché de première main, il serait plus difficile de comprendre comment la culture pourrait affecter quelqu'un d'autre ou pourquoi elle pourrait être important pour eux. Si vous êtes à l'aise de parler de votre propre culture, alors vous deviendrez mieux en écoutant les autres parler de leur culture. Ou, si vous comprenez comment la discrimination vous a touché, alors vous pouvez être plus conscients de la façon dont elle a touché les autres.

Voici quelques conseils sur la façon de devenir plus conscient de votre propre culture :

Quelle est votre propre culture ?

Avez-vous une culture ? Avez-vous plus qu'une culture ? Quel est votre parcours culturel ?

Même si vous ne savez pas qui sont vos ancêtres, vous avez une culture. Même si vous êtes un mélange de nombreuses cultures, vous en avez une. La culture évolue et change tout le temps. Elle est venue de vos ancêtres de plusieurs générations et elle vient de nos familles et de nos communautés aujourd'hui.

Par exemple, si vous êtes Franco-congolais, votre culture a probablement influencé votre vie. Vos parents ou grands-parents vous ont transmis des valeurs, les coutumes, l'humour qui ont joué un rôle dans l'élaboration de votre environnement de croissance et aujourd'hui votre vie. Peut-être vos vues sur les questions sociales de famille, de travail et de santé sont influencées par votre héritage congolais ou par les expériences que votre famille avait quand ils ont immigré en France.

En plus des groupes culturels auxquels nous appartenons, nous avons aussi chacun des groupes dans lesquelles nous nous identifions, comme étant parent, chef d'entreprise ou travailleur.

Ces types de groupes, mais pas exactement les mêmes, ont des similitudes avec les groupes culturels. Par exemple, étant un parent d'un immigrant ou un immigrant peut devenir une identité qui influence la façon dont vous regardez le monde et la façon dont le monde vous regarde. Prendre conscience de vos différentes identités peut vous aider à comprendre ce que cela pourrait être comme appartenir à un groupe culturel.

Comment construire des relations avec les africains des autres cultures ?

Il y a plusieurs façons que les africains peuvent en apprendre davantage sur les cultures des autres et construire des relations en même temps. Voici quelques étapes que vous pouvez prendre en considération. Elles sont d'abord répertoriées, puis élaborés respectivement à la fois.
Prenez une décision consciente pour nouer des amitiés avec des gens des autres cultures ;
Mettez-vous dans des situations où vous pourrez rencontrer des gens des autres cultures ;
Examinez vos préjugés sur les gens des autres cultures ;

Posez des questions aux gens sur leurs cultures, coutumes et points vues ;
Lisez à propos de la culture des autres et leurs histoires ;
Écouter les gens qui racontent leur histoire ;
Remarquez les différences dans les styles et les valeurs de communication ; ne pas supposer que le chemin de la majorité est la bonne façon ;
Apprenez à être un allié ;
Prendre une décision consciente de nouer des amitiés avec des gens d'autres cultures ;

Prendre une décision est la première étape.

Afin d'établir des relations avec des personnes différentes, vous devez faire un effort.

Il y a des forces sociales qui servent à nous séparer les uns des autres. Les gens de différents groupes économiques, religieux, ethniques et de différentes races sont souvent isolés les uns des autres dans les écoles, les emplois et les quartiers. Donc, si nous voulons que les choses soient différentes, nous avons besoin de prendre des mesures actives pour les rendre différents.
Vous pouvez rejoindre une équipe ou un club de sport, devenir actif dans une organisation, choisir un emploi, ou passer à un quartier qui vous met

en contact avec des personnes de cultures différentes que le vôtre.

En outre, vous voudrez peut-être prendre quelques minutes pour remarquer la diversité qui est actuellement à proximité. Si vous pensez aux gens que vous voyez et les fréquenter tous les jours, vous pourrez devenir plus conscients des différences culturelles qui sont autour de vous.

Une fois que vous avez pris la décision de faire des amis avec des gens qui sont différents de vous, vous pourrez aller de l'avant et de se faire des amis avec eux de la même façon que toute autre personne.

Vous devrez peut-être prendre plus de temps, et vous devrez être plus persistante. Vous devrez peut-être atteindre et prendre l'initiative plus que vous êtes habitué. Les gens qui ont été maltraités par la société peuvent prendre plus de temps à vous faire confiance que les gens qui ne l'ont pas été. Ne laissez personne vous décourager. Il y a de bonnes raisons pour lesquelles les gens ont construit des défenses, mais il possible de les surmonter et de faire une connexion. L'effort est vraiment pénible.

Mettez-vous dans les situations où vous rencontrerez des gens d'autres cultures ; surtout si vous n'avez pas eu l'expérience de vivre au milieu d'eux ; il faut prendre le risque.

L'une des premières et des plus importantes étapes consiste à partir dans des endroits où vous pourrez rencontrer des gens de cultures différentes que le vôtre. Aller à des réunions et des célébrations de groupes des membres que vous voulez apprendre à connaître. Ou flâner dans les restaurants et autres lieux de rassemblement que les différents groupes culturels vont.

Vous pouvez vous sentir gêné ou timide au début, mais vos efforts seront payants. Les gens d'un groupe culturel remarqueront si vous prenez le risque de venir à l'un de leurs événements.

S'il est difficile pour vous d'être la seule personne, vous pourrez apporter un copain avec vous et se soutenir mutuellement pour se faire des amis.

Examinez vos préjugés sur d'autres cultures

Nous portons tous la désinformation et les stéréotypes au sujet des personnes de différentes cultures. Surtout, quand nous sommes jeunes, nous acquérons ces informations dans des programmes de télévision, en écoutant les gens et dans la culture au sens large. Nous ne sommes pas de mauvaises personnes parce que nous avons acquis des mauvaises manières ; personne ne demande à être mal informé.

Mais afin d'établir des relations avec des personnes de différentes cultures, nous devons prendre conscience de la désinformation que nous avons acquise.

Une excellente façon de prendre conscience de vos propres stéréotypes est de choisir des groupes que vous généraliser dans vos opinions. Une fois que vous avez fait ça, examiner les pensées qui sont venus à l'esprit mais surtout où les avez-vous acquises.

Une autre façon de prendre conscience des stéréotypes est d'en parler avec des gens qui ont des cultures similaires. Dans ces paramètres, vous pouvez parler de la désinformation que vous avez acquise sans être offensant pour les personnes d'un groupe particulier. Vous pouvez l'obtenir avec un ami ou deux et parler de la façon dont vous avez obtenu les stéréotypes ou les craintes des autres personnes différentes.
Vous pouvez répondre à ce genre de questions :
Comment vos parents se sentent à propos des différents groupes ethniques ou religieux ?
Qu'est-ce que vos parents vous communiquent dans leurs actions et paroles ?

Vos parents sont-ils amis avec des gens de différents groupes ?

Qu'avez-vous appris à l'école sur un groupe particulier ?

Y avait-il un manque d'informations sur certaines personnes ?

Y at-il des gens qui vous répugne ? Pourquoi ?

Posez des questions aux gens sur leurs cultures, leurs coutumes et leurs idées.

Les gens, pour la plupart, veulent se poser des questions sur leur vie et leurs cultures. Beaucoup d'entre nous ont appris que poser des questions était curieux ; mais si nous sommes sérieux, poser des questions peut nous aider à apprendre sur les gens de différentes cultures et aider à établir des relations.

Les gens sont généralement surpris quand d'autres montrent un intérêt pour leurs cultures. Si vous êtes sincère et vous pouvez écouter, les gens vous diront beaucoup de choses.

Par exemple, vous pourriez demander à une personne d'origine Franco-congolaise si elle veut être appelé, Français ou Congolais. Ou vous pouvez demander à une personne musulmane comment se déroule le ramadhan chez eux ou à une personne chrétienne comment se déroule la fête de Noël.

Lisez à propos des cultures et des histoires des autres

La lecture aide à apprendre davantage sur les cultures et les histoires des autres. Si vous savez quelque chose sur la réalité de la vie et de l'histoire de quelqu'un d'autre, cela montre que vous vous souciez assez pour prendre le temps de mieux connaître les autres.

Elle vous donne également des informations de fond qui vous permettront de facilement poser des bonnes questions.

Cependant, vous ne devez pas être un expert de la culture de quelqu'un pour apprendre à le connaître ou poser des questions. Les gens qui apprennent eux-mêmes à partir de l'intégration, sont généralement les meilleurs experts, de toute façon.

Ne pas oublier de prendre soin d'être attentif

Il est facile d'oublier que la base de toute relation est l'attention. Tout le monde veut prendre soin de sa relation. Prendre soin des gens est ce qui rend une relation réelle. Ne laissez pas votre maladresse autour des différences culturelles.

Si vous avez l'occasion d'entendre quelqu'un vous raconter son histoire, vous pouvez apprendre beaucoup de choses et construire une relation forte dans le même temps. Chaque personne a une histoire importante à raconter. L'histoire de chaque personne dit quelque chose au sujet de sa culture.

En écoutant les histoires des gens, nous pouvons obtenir une image plus complète de ce que la vie des autres ressemble, leurs sentiments, leurs nuances et la richesse de leur vie.

Par exemple, à l'écoute des membres de groupes qui ont été victimes de discrimination peut nous donner une meilleure compréhension de leur expérience. Elle nous donne une image de la discrimination qui est plus réel de ce que nous avons obtenu lors de la lecture d'un article ou en écoutant la radio.

Risque de faire des erreurs

Comme vous construisez des relations avec les gens qui ont des origines culturelles différentes que la vôtre, vous allez probablement faire des erreurs à un moment donné.

Cela arrive. Ne laissez pas que les erreurs vous empêchent d'aller de l'avant et de construire des relations.

Si vous dites ou faites quelque chose qui est insensible, vous pouvez apprendre quelque chose de nouveau. Demandez à la personne concernée ce qui dérange ou offense, des excuses, puis aller dans la construction de la relation. Ne laissez pas la culpabilité vous envahir.

Apprendre à être un partenaire

L'une des meilleures façons de vous aider à établir des relations avec des personnes de cultures différentes est de démontrer que vous êtes prêt à prendre position contre la discrimination.

Les gens seront beaucoup plus motivés pour apprendre à vous connaître s'ils voient que vous êtes prêt à prendre des risques en leur nom.

Nous devons aussi nous éduquer et nous tenir au courant afin que de comprendre les problèmes que chaque groupe doit faire face et nous devons être impliqués dans leurs luttes - au lieu de rester sur la touche et regarder de loin.

Les effets de l'oppression intériorisée

La différence cruciale dans tous les cas est de savoir comment les gens s'identifient eux-mêmes. Pourquoi devrait révéler ou penser à votre ethnie ou sexe fait tellement de différence sur la capacité de la connaissance ou de raisonnement ?
La réponse se trouve souvent dans les hypothèses de la société et une longue histoire de discrimination. Dans cette section, nous allons examiner les effets que la discrimination et l'oppression ont sur leurs cibles, et réfléchir à la façon de les contrer.

Qu'est-ce que la discrimination ?

La discrimination signifie tout simplement la distinction entre une chose et une autre. Quand on parle de la discrimination comme un problème social, nous nous référons à la distinction entre les groupes de population définis par des caractéristiques spécifiques ; l'ethnie, le sexe, la religion, l'origine nationale, les opinions politiques, la classe et le traitement.
Bien que la discrimination soit parfois positive ou négative, en faveur ou contre un groupe

particulier, notre objectif ici est de parler de la discrimination négative.

Malheureusement, la discrimination est trop familière dans toutes les sociétés (Afrique, Asie, Amériques et Europe).

Les africains sont parfois harcelés en Europe, en Asie et en Amérique, et même en Afrique.

Les pauvres sont souvent blâmés pour leur pauvreté, et se voient refuser des services de base, car ils ne sont pas dignes.

Tout cela remonte probablement à l'époque primitive, quand nos ancêtres se sont regroupés en des groupes mutuels. Tout autre groupe était un rival potentiel pour protéger la nourriture et d'autres ressources.

Dans la plupart des sociétés africaines modernes, il existe des lois contre diverses formes de discrimination, même si cela persiste.

Par exemple, le rôle et le traitement des femmes en général est encore inégale : les femmes africaines gagnent toujours, en moyenne, moins que les hommes pour le même travail, et dans de nombreux pays africains, elles sont manifestement privées d'éducation et des autres avantages.

Selon les Nations Unies, il n'y a pas de pays où les hommes et les femmes sont traités de manière égale.

Pour nos besoins, la discrimination est la négation des chances, des droits ou des libertés à un ou plusieurs groupes de la société.

C'est simplement l'incapacité à traiter toutes les personnes de la même façon et de reconnaître leur appartenance à l'humanité.

Qu'es ce que l'oppression ?

L'oppression est la discrimination portée à son extrême. Les opprimés ne sont pas seulement victimes de discrimination, mais sont également soumis à la brutalité physique et psychologique et au génocide, parfois pour avoir désobéi au pouvoir, parfois pour essayer de changer leur état ou parfois par haine.

En Afrique, des exemples modernes comprennent : La règle de l'apartheid en Afrique du Sud entre 1948 et 1990 ; l'esclavage et ses conséquences en Afrique ; les disparitions et autres atrocités commises par les gouvernements militaires africains ; le massacre des Tutsis par les Hutus au Rwanda.

La distinction entre la discrimination et l'oppression est importante. Dans la plupart des cas, les groupes qui sont victimes de discrimination ont un recours, soit en vertu de la loi ou par l'action politique.

Dans de nombreux pays, les groupes qui ont été victimes de discrimination ont surmonté leur situation grâce à l'éducation, l'organisation et la promotion économique.

Pour les personnes opprimées, souvent le seul remède est la force, soit par l'action révolutionnaire ou militaire avec le cas du Front patriotique rwandais (FPR) du président Paul Kagamé au Rwanda ou l'intervention économique avec le cas du Congrès national africain (ANC) de Nelson Mandela en Afrique du Sud.

Les développeurs communautaires qui travaillent avec les personnes opprimées essaient souvent de les aider à comprendre leur situation, afin qu'ils puissent se prononcer sur les mesures à prendre pour les changer les choses.

Les opprimés peuvent changer leur situation à travers la réflexion et l'action et pour ce faire, ils doivent apprendre à analyser leur vie et détruire l'oppression intériorisée.

Qu'es ce que l'oppression intériorisée ?

Quand les êtres humains sont ciblés par la discrimination ou opprimés sur une période de temps, ils intériorisent et croient aux mythes et à la désinformation de la société.

Par exemple, des paysans exploités peuvent intérioriser les idées qu'ils ne peuvent pas faire un autre type de travail, que leurs vies sont censés être comme ils sont et qu'ils valent moins que les personnes riches ou éduquées.

Les femmes peuvent internaliser le stéréotype selon lequel elles sont inférieures aux hommes.

Les personnes de couleur noire peuvent internaliser le mythe selon lequel elles ne sont pas plus belles que les personnes de couleur blanche.

Quand des groupes ethniques ciblés intériorisent les mythes et la désinformation, cela peut les amener à se sentir (souvent inconsciemment) d'une certaine façon inférieure, pas digne, incapable, idiote, vilaine, etc... que les autres groupes ethniques.

Ils commenceront à sentir que les stéréotypes et la désinformation qui se communiquent dans la société sont vrais. C'est ce nous appelons l'oppression intériorisée.

L'oppression intériorisée affecte de nombreux groupes de personnes en Afrique : les pygmées, les paysans, les femmes, les pauvres et les classes laborieuses, les personnes handicapées, les jeunes, les vieux, les religieux, les immigrants et de nombreux autres groupes.

L'oppression intériorisée opère sur une base individuelle. Une personne croit que les stéréotypes et la désinformation qu'elle entend sont vraies sur elle-même.

L'oppression intériorisée se produit parmi les membres du même groupe culturel.

Les gens d'un même groupe croient (souvent inconsciemment) que la désinformation et les stéréotypes de la société communiquent sur les autres membres de leur groupe.

Les gens utilisent l'oppression sur les autres, au lieu de traiter les plus grands problèmes de la société. Les résultats sont que les gens ne respectent plus les droits des autres.

Souvent, les gens du même groupe culturel se critiquent, méfient, se battent, ou s'isolent les uns des autres.

Il est important de noter que l'oppression intériorisée n'est pas la faute des victimes.

Une personne ne devrait pas être blâmé ou se blâmer pour avoir été touchés par la discrimination. Néanmoins, en tant que membres de la communauté, nous devons faire face à ces obstacles afin d'atteindre nos objectifs.

Alors que les stéréotypes que les gens intériorisent sont imposés par la société, nous savons tous que les membres de la majorité ou de la minorité favorisée opprimés ou injustement traité ont une responsabilité personnelle.

En tant que membres de la majorité, nous devons aider et soutenir ceux de la minorité car leur valeur personnelle n'a rien à voir avec les préjugés actuels ou passés de la société.

Et en tant que membres de la minorité, nous avons la responsabilité d'écouter, ceux parmi nous, qui contestent l'opinion de la majorité et d'analyser et contester nous-mêmes. Nous pouvons avoir besoin de soutien et d'orientation.

Comme vous pouvez le voir, l'oppression intériorisée peut avoir de graves conséquences pour les communautés. Elle empêche les gens de penser à eux-mêmes, de vivre une vie pleine, et de se tenir debout contre l'injustice.

Elle peut être la source d'une maladie physique ou mentale.

L'oppression intériorisée peut servir à diviser les gens au sein du même groupe, de sorte qu'ils ne soient pas aussi efficaces pour soutenir les autres ou travailler ensemble pour le changement.

Elle peut aussi amener les gens à se méfier de ceux qui sont en dehors de leur propre groupe, ce qui rend difficile la construction des alliances.

Comprendre l'oppression intériorisée est inestimable pour les constructeurs de la communauté. Les gens ne peuvent tout simplement pas lutter efficacement contre eux-mêmes quand ils croient que le problème est de leur propre faute ou que quelque chose est intrinsèquement mauvais pour eux.

Pour permettre aux communautés de devenir plus efficace pour lutter contre ces problèmes, une bonne éducation, un environnement sûr, et des emplois adéquats sont nécessaires.

Les membres de la communauté doivent apprendre à surmonter les découragements, la confusion, et les divisions qui sont le résultat de l'oppression intériorisée.

Heureusement qu'il existe des méthodes pour surmonter l'oppression intériorisée. Les gens peuvent se guérir de la désinformation qu'ils ont intériorisé et aider les autres.

Si les africains comprennent comment surmonter l'oppression intériorisée, ils deviendront plus efficaces à surmonter les inégalités et les injustices présentes en Afrique.

Comment pouvez-vous aider les autres à guérir et surmonter l'oppression intériorisée ?

Il y a plusieurs façons que les gens peuvent travailler ensemble pour surmonter l'oppression intériorisée.

L'amitié lutte efficacement contre l'opposition intériorisée

L'amitié et la culture sont deux des armes les plus puissantes que nous avons dans la lutte contre l'oppression intériorisée en Afrique. Toutes les oppressions ont un seul message en commun : que certaines personnes ne sont pas utiles. L'amitié fournit une contradiction forte et efficace à ce message.

Ce que nous communiquons dans nos relations et l'engagement à l'autre est plus puissant que le message de l'oppression.

Nous nous soucions de nos amis, des membres de la famille, des collègues ou des autres membres de la communauté.

Il est pénible de les voir mal se traiter ou de ne pas être à la hauteur de leurs capacités. Nous pouvons aider nos amis quand nous les voyons agir négativement ou à être passif sur les conditions qui les affectent négativement.

Par exemple, si vous lier une amitié avec une personne et prenez un engagement de passer du temps régulièrement dans des activités qu'elle aime, vous pouvez faire une grande différence dans la façon dont cette personne est capable de gérer les injustices qu'elle fait face dans la société.

Si une personne sait qu'une autre personne est de son côté, elle peut croire en elle-même, même quand tout le monde ou tout le reste n'est pas de son côté.

Être membre d'un groupe culturel peut être une source de force. Nos cultures nous donnent souvent nos valeurs, notre sens de nous-mêmes dans l'histoire, notre humour, notre identité et notre vision du monde.

Nous dépendons de nos cultures pour nous fournir une communauté, un point de référence, une maison, et un endroit pour prendre nos repères et se rappeler de ce qui est important pour nous.

Même la discrimination que les gens ont vécu et enduré en tant que membres d'un groupe culturel, leur donne plus de force. Les gens apprennent à survivre, à se lever pour eux-mêmes, être débrouillard, avoir un sens de l'humour, et à rebondir.

Les gens développent un sens de ce qu'es l'engagement à long terme.

Soyons fière de nos cultures et les célébrer est essentiel dans la lutte contre l'oppression intériorisée, parce que cela nous donne une idée plus précise de nos cultures que celle communiquée dans les médias ou par la société dans son ensemble.

La lecture et apprendre davantage sur leurs cultures aide les gens à acquérir la perspective sur la façon dont leurs ancêtres se sont battus pour eux-mêmes.

L'organisation d'un groupe d'étude ou club à cet effet peut être particulièrement utile dans la construction de la communauté autour de la fierté culturelle.

Tenir des célébrations culturelles et la pratique des rituels donne aux gens un sentiment d'espoir, la joie, la fierté et le sens.

Cela aide à rappeler aux gens ce que leurs cultures représentent, leur richesse et ce qu'ils ont accompli.

Les célébrations artistiques culturelles peuvent bouée les esprits des gens et leur rappeler leur force, leur bonté et leur créativité.

La réévaluation est un modèle dans lequel les gens de milieux similaires peuvent se réunir en groupes pour guérir l'oppression intériorisée.

Dans ces groupes, les gens s'encouragent mutuellement à se rappeler qu'ils sont bons, digne, capable, intelligent, beau, etc., et que les autres dans leur culture sont aussi bons.

Dans ces groupes, les gens témoignent de la façon dont l'oppression intériorisée a personnellement touchée leur vie, tandis que les autres écoutent.

L'un des objectifs des groupes de personnes ayant des antécédents semblables est que les gens comprennent qu'ils ne sont pas seuls dans leurs expériences d'oppression ou de la façon dont ils se sentent mal dans leur peau.

Par exemple, partager les expériences du tribalisme, régionalisme, du racisme ou de l'antisémitisme, aide les gens à comprendre qu'ils ont des sentiments communs dans leur groupe.

Cela supprime l'illusion que l'expérience est en quelque sorte intrinsèquement leur seul problème - et qu'ils sont la seule source de leurs propres difficultés, plutôt que des problèmes de la société en général.

Les groupes peuvent avoir 10 à 20 personnes et il est préférable d'avoir un accord de confidentialité.

Chaque groupe doit avoir un dirigeant principal, mais tout le monde doit se voir comme responsable.

Pour commencer, chaque personne doit avoir un tour pour parler de ce qu'elle aime de sa culture, de son ethnie ou de quelque chose qui s'est passé dans sa vie depuis l'adhésion au groupe.

Personne n'interrompt personne pendant cette période.

Les gens peuvent éprouver des sentiments émotionnels quand ils parlent de ces expériences parce que les émotions font parties du processus de guérison. Rire, pleurer et trembler aide les gens à guérir les blessures de l'oppression et à retrouver leur fierté, leur humanité, et leur puissance.

Lorsque ces groupes se réunissent sur une longue période de temps, les gens construire plus de sécurité pour parler de questions importantes.

Agir contre l'injustice et l'oppression

Quand les gens prennent position contre l'injustice et l'oppression, cela peut être un puissant antidote contre l'oppression intériorisée.

La prise en charge d'une situation injuste et son exposition facilitent la guérison de l'oppression et de l'injustice.

Lorsque vous remarquez qu'un groupe encourage l'oppression et l'injustice, ne changer pas de groupe car aucun groupe n'est parfait.

Dans certaines organisations, les gens auront tendance à se critiquer les uns des autres, se bagarrer (le manque de discipline) et à se disputer pour le leadership.

Ces problèmes ont une gamme de causes. Bien souvent, la cause est, dans une certaine mesure, l'oppression internalisée.

Cela est particulièrement vrai si la totalité ou la plupart des membres du groupe ou de l'organisation sont d'une même ethnie ou sexe.

Encore une fois, ce n'est pas la faute du groupe qui a été ciblé. Néanmoins, afin d'assurer la réussite d'un groupe, cette dynamique devrait être reconnu et résolue.

Comment pouvez-vous remarquer que l'oppression intériorisée est la source de la difficulté d'une communauté ?

Bien qu'il n'y ait pas de formule sûre, vous pouvez chercher des indices qui pourraient vous aider à faire une supposition éclairée. Quelques questions qui pourraient fournir des indices :

Les gens qui agissent les uns envers les autres de manière similaire à la façon dont la société en général les maltraitent ?

Est-ce que ces problèmes existent dans toutes les organisations ?

Si le problème se manifeste dans de nombreux contextes différents, il peut être plus probable qu'il est intériorisé l'oppression qui est la principale difficulté, plutôt que les problèmes de quelques individus. Les individus luttent avec l'estime de soi, ont des difficultés à prendre soin d'eux-mêmes, ou à se traiter.

Même si vous ne savez pas avec certitude si l'oppression intériorisée est le principal problème, elle peut au moins faire partie de la difficulté.

Quelques solutions

Comment traiter les autres avec respect ?

Par exemple, si tout le monde critique le chef de file, vous pouvez pointer sur ses bonnes qualités et les réalisations.

Si vous menez le chemin en faisant cela, les gens remarqueront. Une personne peut souvent orienter l'ensemble du groupe en intensifiant l'extérieur d'un motif négatif.

Prenez le temps d'apprécier les autres et de noter ce que le groupe a accompli.

Quand les gens se sentent découragés de leurs progrès, ils sont plus enclins à mal se traiter mutuellement.

Soulignez la difficulté sans blâmer quiconque.

Vous pouvez dire quelque chose comme, prenons un peu de recul et regardons comment ce problème sera résolue ensemble.

Pensez-vous que si nous avons tous fait un accord pour ne pas interrompre ou se critiquer les uns des autres, nous pourrions accomplir plus en Afrique ?

Expliquez aux gens l'oppression intériorisée et comment elle fonctionne dans votre communauté.

Expliquez, comme vous le voyez et souligner la similitude à la façon dont la société blesse le groupe dans son ensemble.

Si le problème se produit lors d'une rencontre, les gens se briseront pendant que chaque personne reçoit un tour pour s'exprimer.

Prenez position et soyez ferme. Chaque fois que les membres d'une communauté se mettent à agir d'une manière négative, vous pourrez prendre une position de principe contre ce problème.

Souvent, les communautés ayant des antécédents similaires deviennent fragile. Elles peuvent avoir tendance à exclure des membres de la même manière qu'elle a été exclue par la société.

Mettre en place une politique visant à accueillir de nouveaux membres et de les amener au centre de l'organisation rapidement.

Protéger les jeunes contre les effets de l'oppression

L'oppression intériorisée fait sa plus grosse impression sur les enfants, parce qu'ils ne disposent pas d'expériences pour comprendre les injustices de la société.

Il est facile de personnaliser les messages négatifs qui viennent à vous si vous ne disposez pas d'un cadre pour comprendre l'oppression.

Il y a quelques façons d'aider les jeunes à comprendre l'oppression et les protéger de ses effets.

Tout d'abord, cela aide à expliquer aux enfants comment et pourquoi l'oppression fonctionne afin qu'ils aient un cadre pour la comprendre.

Cela peut aider les jeunes personnes à comprendre les mauvais traitements qu'elles subissent.

Par exemple, si vous expliquez à des enfants l'histoire de l'esclavage ou de la colonisation, ils seront en mesure de comprendre pourquoi le néocolonialisme ou racisme fonctionne aujourd'hui.

Enseigner aux jeunes africains à être fiers de ce qu'ils sont, de leurs ancêtres et de leur culture.

Tout aussi important, leur enseigner la valeur de l'éducation et du travail mais surtout de ne pas se décourager quand les choses ne vont pas mieux.

Les personnes qui encouragent la discrimination ou l'oppression deviennent limitées lorsqu'ils sont confrontés à des circonstances difficiles, se voyant incapables de surmonter les échecs.

Si les enfants grandissent avec le respect de soi et la compréhension que les revers occasionnels sont une partie normale de la vie, à surmonter par l'éducation et le travail, ils vont continuer à aller de l'avant dans les bons et mauvais moments.

Nous pouvons également mettre en place des environnements pour les jeunes.

Par exemple, les enseignants et les administrateurs doivent comprendre l'importance de l'intégration africaine dans les cours d'histoires et de nombreux programmes. Le personnel scolaire doit comprendre la façon de traiter les enfants équitablement.

Par exemple, j'ai personnellement été victime de discrimination au lycée parce que mon Directeur des études avait le même nom que mon collègue de classe.

Monsieur Itoua m'avait privé de mon rang de premier de la classe en me remplaçant par mon collègue nommé Itoua.

Stratégies et activités pour réduire le tribalisme et le régionalisme

Par exemple, vous êtes un Lari chrétien du Sud Congo-Brazzaville dans un restaurant avec un groupe de collègues après le travail. Vous leur annoncer que vous êtes sur le point d'acheter une maison dans la ville de Oyo au Nord et demander le point de vue de chacun.

L'un d'eux répond : Êtes-vous sûr de vouloir aller vivre dans une ville des Mbochis ? J'entends qu'il y a beaucoup de discrimination dans cette ville, vous le savez, les vols, la drogue, et même les assassinats des personnes qui ne sont pas Mbochis.

Vous ne pouvez pas croire que quelqu'un est en train de dire cela.

Vous vous rendez compte que votre collègue est, mais la seule personne à parler comme ça ;

Il contribue à augmenter les stéréotypes et les attitudes tribales des congolais.

Vous sentez soudainement en colère.

Que faire si la société congolaise est pleine de gens qui pensent comme votre collègue ? Quelles sont les politiques qui existent pour arrêter un tel préjudice ?

La rencontre ci-dessus au restaurant est un exemple de préjugés liés au tribalisme.

En refusant d'acheter une propriété à quelqu'un en fonction de son ethnie, ce qui est illégal, est un acte de tribalisme ou de préjugé institutionnalisé.

Il est important de comprendre la distinction entre les préjugés liés au tribalisme et le tribalisme parce qu'ils sont touchés différemment par les questions liées au pouvoir et par conséquent, exige différents niveaux d'implication et d'efforts.

Il existe de nombreuses formes de préjugés et d'oppression, pas seulement fondée sur l'ethnie, mais sur le genre, la classe, l'orientation sexuelle, etc.

Ce livre ne tente pas de faire face à toutes les formes possibles.

Les stratégies et les activités expliquées ici pour aborder les préjugés liés tribalisme et le tribalisme peuvent toutefois donner des idées pour faire face à d'autres formes de discrimination.

Lorsque vous travaillez sur le traitement de telles inégalités, penser à des façons de les prévenir en encourageant et en établissant des pratiques inclusives dès le début. Imaginez que ce travail ressemble à deux faces d'une pièce de monnaie.

Un côté représente les valeurs et les pratiques négatives que vous êtes contre. L'autre côté représente les valeurs et les pratiques positives que vous êtes pour. En d'autres termes, commencer à penser à créer des collectivités inclusives tout en luttant contre les mauvaises valeurs qui existent dans votre société.

Qu'est-ce que sont les préjugés liés au tribalisme ?

C'est une attitude ou une croyance défavorable ou discriminatoire envers une autre personne ou un autre groupe de personnes principalement sur la base de l'origine ethnique.
Par exemple, Malonga est tribaliste parce qu'il croit que les Mbochis originaire de la ville d'Oyo au Nord du Congo-Brazzaville sont stupides et barbares.

Que devriez-vous faire devant cette situation ?

Une possibilité est d'aider Malonga à comprendre les stratégies et les activités expliquées dans ce livre pour lutter contre les préjugés liés tribalisme. Cette tentative pourrait entraîner des changements au niveau individuel.

Qu'es ce que le tribalisme ?

Lorsque les préjugés sont pris en charge par les institutions et les lois, le tribalisme est présent.

Par exemple, lorsque Malonga est arrêté et mis en prison pour avoir traité les Mbochis originaire de la ville d'Oyo, au Nord du Congo-Brazzaville, de stupides et barbares, sans chercher à comprendre pourquoi il l'a fait ou de l'expliquer les lois parce qu'il n'est pas assez éduqué, le tribalisme est présent.

Que devriez-vous faire devant cette situation ?

Une possibilité est d'aider les officiers de police à comprendre les stratégies et les activités expliquées dans ce livre pour lutter contre les préjugés liés tribalisme.

Vous pourrez peut-être essayer de travailler avec la police pour développer une stratégie afin accroître la compétence culturelle du département de police et, en même temps, augmenter la compréhension des nouveaux arrivants sur les lois de votre pays. Cette tentative pourrait entraîner des changements au niveau institutionnel.

Bien que nous ne pourrions pas facilement être entièrement libre de préjugés raciaux, nous devons être en mesure d'identifier et de lutter contre le tribalisme, car elle perpétue les privilèges des uns et impose des restrictions imméritées sur les autres.

Le bien-être économique des africains est étroitement lié au tribalisme.

Le régionalisme et le tribalisme ont plus été perpétrés au Congo-Brazzaville par les Laris originaires de la région du Pool et d'ascendance Kongo (Royaume Kongo), contre les autres groupes ethniques, tels que les Mbochis.
Cependant, en raison du développement des changements démographiques de nos communautés dans certaines parties de la République du Congo, le tribalisme et le régionalisme conduisent également à des tensions entre les Laris et les ethnies du Sud tels que les Tékés du Royaume Téké.
Comme la population du Congo-Brazzaville augmente et devient plus diversifiée avec l'intégration des pygmées et les congolais originaires de l'Afrique de l'Ouest, nous devons être prêts à agir en vue de réduire les risques d'hostilité en raison de différences dans nos cultures et d'autres caractéristiques.
Peu importe votre culture ou la région que vous êtes originaire, vous avez parfois été victime de

tribalisme, même si vous ne l'avez jamais directement senti.

Au Congo-Brazzaville et partout en Afrique, les résultats du tribalisme peuvent être vus partout : dans les stéréotypes, la violence, l'éducation, le chômage, la brutalité de la police, le logement, la justice, les médias, les organismes de services, le lieu de travail, les quartiers, à l'école, au sein du gouvernement local, dans pratiquement tous les domaines de la vie quotidienne.

Voici quelques raisons pour lesquelles le tribalisme et le régionalisme devraient être réduits :

Ils entravent ou empêchent un individu d'atteindre son plein potentiel en tant qu'être humain ;
Ils entravent ou empêchent un individu de contribuer à la société ;
Ils entravent ou empêchent un individu ou un groupe d'individu à se livrer à des actions tribales qui affaiblissent la communauté dans son ensemble ;

Ils augmentent la probabilité actuelle ou éventuelle de représailles par l'objet d'actes de discrimination ;

Ils vont à l'encontre de nombreux des idéaux démocratiques sur lesquels se fondent l'Union Africaine (UA) ;

Voilà pourquoi des stratégies pour lutter contre la discrimination sur la base de l'ethnie doivent être approfondies et multiformes afin que les deux les pratiques institutionnalisées soient affectées.

De plus, voici quelques exemples de discrimination abordés dans notre effort de promouvoir l'intégration africaine, si plus d'un groupe ethnique est impliqué :

Chaque participant dans votre effort a sa propre compréhension du monde et comment il fonctionne.

Par exemple, les congolais de Brazzaville ne comprennent pas pourquoi les réfugiés en provenance de la région du Pool (Laris) et les ressortissants de la République démocratique du Congo (RDC) doivent se tenir au coin des rues pour faire des petits travaux (ils sont communément appelés shégués ou Zaïrois).

Ils pensent que c'est parce qu'ils sont pauvres, illégaux ou même sorciers pour rester dans leur pays.

Une partie du problème est que les Zaïrois ont eu l'occasion de démystifier ces stéréotypes grâce à l'interaction directe et le contact avec les congolais qui apprennent leurs histoires.

Chaque africain doit être poli, respectueux et ouvert envers les autres, et comprend que, pour répondre à une préoccupation commune, nous devons tous travailler ensemble.

Après avoir obtenu mon Baccalauréat, j'avais fondé un centre communautaire dans la ville de Pointe-Noire qui se réunissait pour discuter sur les moyens d'améliorer les conditions de vie des enfants de la rue qui étaient majoritairement originaires de la République démocratique du Congo.

J'ai organisé des festivals alimentaires et célébré divers événements culturels avec les membres de mon centre communautaire. J'ai même organisé des activités économiques en créant des boutiques et des bars et restaurants.

Mes activités ont aidé les participants à comprendre que même s'ils ne sont pas pris en compte par le gouvernement congolais, ils peuvent toujours améliorer leurs propres conditions de vie.

En fin de compte, cela signifie que nos communautés font des efforts pour favoriser l'intégration africaine et construire une vraie démocratie.

En d'autres termes, il y a deux raisons morales et juridiques pour agir contre la discrimination.

La discrimination peut nuire non seulement à ses victimes, mais aussi à la société en général.

De plus, les actions discriminatoires peuvent causer des dommages physiologiques aux victimes.

Alors que nous essayons dans ce livre d'offrir aux jeunes des instructions étape par étape pour le travail communautaire, changer la mentalité d'un individu ou d'un groupe d'individus ne se produit pas du jour au lendemain.

Réduire la discrimination est une tâche complexe qui varie selon la communauté.

Il est réellement de prendre connaissance de sa communauté et des choix stratégiques qui correspondent le mieux à vos besoins, l'histoire, le contexte, les énergies et les ressources de votre communauté.

Dans cet esprit, ce livre offre une variété d'activités et de stratégies que vous pouvez effectuer dans le but de combattre toutes les formes de discrimination, afin que vous puissiez décider lequel de ces tactiques pourraient mieux fonctionner dans votre lieu de travail, école, quartier ou communauté.

Avant de vous décider sur les meilleures activités et stratégies, procédez comme suit :

Renseignez-vous sur votre communauté (par exemple, quels groupes y vivent, ce qui a été la nature de leurs relations, quels incidents se sont produits dans le passé) ;

Les activités des documents dans votre communauté qui reflètent les pratiques de discrimination ;

Inviter un groupe de personnes à participer au processus de planification (par exemple, les activistes qui prennent toujours l'action, les représentants communautaires, les victimes) ;

Comprendre la profondeur du problème (par exemple, il y a un nouveau problème chaque fois qu'il y a des nouveaux arrivants) ;

Identifier et comprendre les types de politiques qui pourraient avoir besoin d'être remis en question.

Déterminer le court terme et long terme, le cas échéant et les objectifs de votre stratégie (par exemple, changer les mentalités des gens ou modifier une politique institutionnelle) ;

Examiner dans quelle mesure la stratégie choisie influencera votre communauté ;

Pensez aux ressources existantes ou que vous pourriez avoir besoin (par exemple, l'éducation et le financement) ;

Pensez à combien de temps vous aurez besoin pour répondre à une crise qui doit être traitée immédiatement ou la volonté de promouvoir la valeur de la diversité ;

Passez en revue vos stratégies pour veiller à ce qu'ils portent sur toutes les formes de discrimination ;

Dans les milieux de travail

Recruter et embaucher un personnel ethniquement diversifié.

Bien qu'il ne suffirait pas de remplir votre personnel avec un arc en ciel de personnes venant d'horizons différents, des représentants de divers groupes ethniques est important pour commencer.

Contactez les organisations minoritaires, les groupes sociaux, les médias et les lieux où les gens de différents groupes ethniques et culturels se rassemblent.

Si vous utilisez la technique de bouche-à-bouche comme un outil de recrutement, passer le mot aux membres de ces groupes.

En outre, envisager d'écrire une politique d'égalité des chances pour l'embauche et la promotion du personnel.

Recruter culturellement et ethniquement divers membres du conseil d'administration, les dirigeants et les gestionnaires.

La discrimination peut être réduite si le personnel se diversifie, augmente la prise de conscience de l'autre et lorsque le pouvoir est partagé.

Découvrez comment vous pouvez améliorer votre milieu de travail pour les membres des groupes ethniques qui y travaillent.

Cela vous donnera quelques idées pratiques sur ce que vous avez besoin de travailler, mais signifiera également que les besoins de chaque groupe est pris au sérieux.

Former un groupe de travail ou un comité permanent dédié à la formation et le suivi d'un plan pour la promotion de l'inclusion et la lutte contre la discrimination en milieu de travail.

Que pouvez-vous faire dans les médias :

Écrivez des lettres au rédacteur en chef de votre journal local ou contactez votre Télévision ou Radio locale. Les médias jouent un rôle important dans la transmission de messages au public.

La discrimination existe dans les médias si, par exemple, les journalistes révèlent toujours l'arrière-plan culturel ou ethnique d'un groupe.

La rédaction d'une lettre ou en communiquant directement avec les stations locales de médias contribuera à accroître la sensibilisation de leur personnel sur les implications de la manière partiale dans laquelle ils recouvrent l'information.

Organiser une coalition de leaders de diverses communautés et des groupes de médias locaux pour discuter de la façon dont ils peuvent travailler ensemble pour combattre la discrimination.

Avoir une vision à long terme de la façon dont les représentants de la communauté et les médias peuvent travailler ensemble permettra de lutter contre le tribalisme au niveau institutionnel.

Vous pouvez contacter et organiser des présentations pour informer le personnel sur les valeurs et les traditions des divers groupes et les aider à comprendre les implications négatives de leur couverture liée à l'origine ethnique.

Mettre la pression sur les organisations de médias locaux afin d'élaborer et appliquer des politiques d'embauche d'un personnel de différentes origines ethniques.

Afin d'obtenir des informations sur la façon de couvrir les différents groupes culturels et ethniques, les représentants des médias peuvent demander conseil aux organisations de médias

Que pouvez-vous faire dans les écoles ?

Former un groupe ou club de travail sur la diversité pendant les vacances et les événements relatifs à une variété de groupes culturels et ethniques.

Cela peut se faire dans un cadre scolaire ou universitaire.

Votre groupe de diversité peut parrainer des débats, des activités de sensibilisation et des événements culturels pour aider à prévenir la discrimination.

Observer et mener des activités éducatives portant sur des événements comme la fête de l'indépendance et d'autres dates importantes pour les groupes minoritaires car elles offrent aux élèves l'occasion de se renseigner sur l'histoire des différents groupes culturels et ethniques et réduisent les perceptions mal informées ou inexactes.

Effectuez des excursions dans des lieux historiques qui représentent les luttes contre la discrimination ou les lieux qui incarnent les valeurs et les traditions d'un autre groupe de personnes.

Les travaux visant à inclure l'éducation contre la discrimination dans le programme de vos écoles.

Élaborer une stratégie pour changer les politiques tribales les milieux scolaires et universitaires.

Reconnaître les traditions des autres groupes culturels et ethniques et le développement des relations interculturelles permettra de réduire la discrimination.

Examinez le recrutement, le processus de demande, et les admissions pour les étudiants, les enseignants et le personnel de différentes origines ethniques.

Que vous pouvez faire dans votre quartier ou collectivité :

Formez un comité pour accueillir toute personne qui se déplace dans votre quartier, peu importe son ethnie ou à quoi ils ressemblent.

Envoyez des représentants de votre communauté à la maison de la nouvelle personne avec des petits cadeaux qui disent : nous sommes heureux que vous vivez ici. Nous vous souhaitons la bienvenue.

Ecrire des articles sur les différentes cultures et leurs traditions dans le bulletin d'information des quartiers. Placer des publicités sur les différentes manifestations culturelles.

Identifier et changer les politiques qui sont exclusifs et maintenir un statu quo.

Organiser un comité des dirigeants communautaires et des droits civils pour mener une étude et présenter les faits au gouvernement local.

Élaborez des stratégies pour engager les dirigeants (formels et informels) des groupes sous-représentés.

Organiser un nettoyage ou la reconstruction des campagnes pour effacer les graffitis discriminatoires et éliminer le vandalisme.

Organiser une coalition de leaders communautaires dans toute la région, composé de représentants des différents groupes culturels et ethniques, ainsi que des différents secteurs de la communauté (par exemple, la police, les écoles, les entreprises, les collectivités locales) pour examiner leurs politiques existantes et de déterminer ce qui doit changer.

Identifiez et soutenir de nouveaux candidats issus de différents groupes ethniques et d'autres organes directeurs à l'échelle communautaire.

Mettre sur pied un forum communautaire

Donner aux citoyens une chance de parler de la façon dont la discrimination affecte votre communauté peut vous donner un aperçu de la façon dont les gens se sentent, des idées sur ce que vous et d'autres pouvez faire pour lutter les différences.

Créez une stratégie intentionnelle qui engage le gouvernement local, les entreprises, les écoles, les médias, et d'autres dirigeants à démontrer l'engagement d'éliminer la discrimination dans les institutions dans votre communauté.

Menez des forums et des événements publics augmentera la sensibilisation et réduira les préjugés. Travailler dans une coalition composée de leaders intersectoriels et élaborer un plan clair pour déplacer votre communauté vers un effort plus durable.

Réunir les dirigeants pour créer une stratégie qui délibérément, systématiquement, et explicitement, permettra à votre communauté d'avoir une vision à long terme d'un environnement juste et saint.

Chaque institution doit trouver de contribuer à l'élimination de la discrimination dans ses politiques et pratiques.

Faites un effort pour appuyer des activités qui célèbrent les traditions des différents groupes culturels et ethniques.

Cela peut être aussi simple que de tels événements, y compris sur le calendrier communautaire et activement les faire connaître.

Organiser des veillées, des manifestations anti-tribalisme, des protestations, ou des rassemblements.

Si un groupe ethnique ou un incident est survenu dans votre communauté, organiser une veillée, une manifestation ou protestation publique afin de montrer une certaine façon efficace de répondre, mais aussi de donner de l'espoir à votre communauté.

Que vous pouvez faire seul :

Vous n'êtes pas obligé de former un groupe pour faire quelque chose au sujet de la discrimination. En tant qu'individu, il y a beaucoup de mesures que vous pouvez prendre pour promouvoir l'intégration africaine, y compris :

Prendre la parole quand vous entendez des insultes ou des remarques qui signalent la discrimination est un bon départ.

Profitez des événements et des autres documents d'information comme les livres l'histoire.

Pensez à des façons d'améliorer votre milieu de travail pour promouvoir l'inclusion.

Soyez proactif pour faire des suggestions.

Si vous êtes un parent, donnez à vos enfants l'occasion de participer à des événements sur d'autres cultures. Intégrer différentes traditions sur le rôle parental et des festivals pour enfants dans les associations de parents d'élèves.

Travailler avec les enseignants afin de coordonner de telles occasions.

Changez les mentalités et les pratiques institutionnelles des gens est un travail difficile, mais nécessaire.

Un engagement entre les individus, les organisations et les institutions à valoriser la diversité est essentiel pour la santé des collectivités.

Les changements ne se feront pas du jour au lendemain, mais vous pouvez commencer à faire de petits pas vers la différence.

Ces petites techniques jetteront les bases d'efforts plus organisés, plus profondes et plus importantes pour bâtir des collectivités modernes sans discrimination.

Avoir des partenaires originaires de différents groupes ethniques

En tant qu'africain bâtisseur, il y a des moments où nous avons vraiment besoin de solitude, mais le plus souvent, le travail communautaire nous oblige à s'unir avec les autres. L'union fait la force.

Nous avons besoin d'apprendre à connaître les autres, savoir ce qu'ils sont capables de faire et les soutenir dans leurs luttes.

Si nous voulons développer des partenariats et des coalitions efficaces, nous devons apprendre à être amis avec les autres.

Si nous voulons que les gens se lèvent pour nos intérêts et préoccupations, nous avons besoin de comprendre de se lever pour eux.

Si nous voulons faire des changements dans la société pour que la discrimination disparaisse, nous devons apprendre à travailler ensemble.

Qu'est-ce qu'un partenaire ?

Un partenaire est une personne qui prend en charge, permet, ou se lève pour une autre personne ou un groupe de personnes.

Tout le monde a eu l'expérience d'avoir besoin d'un partenaire dans la vie.

Quand nous étions enfant, avez-vous eu un parent ou un adulte pour vous blâmer ?

Avez-vous besoin de beaucoup d'aide des autres pour transformer votre situation ?

Quel que soit votre vie, il y a plusieurs fois que vous aviez eu besoin de l'aide d'une autre personne.

Dans cette section, nous allons nous concentrer sur la façon d'être avec ses amis ou ses partenaires de divers milieux et groupes ethniques (opprimés).

Pourquoi ? Parce que les personnes des groupes ciblés ou opprimés sont souvent traitées de manière injuste dans la société.

Les personnes opprimées ont besoin du soutien des autres qui ne sont opprimées de la même manière.

Pourquoi ? Parce que, pour être partenaire des personnes opprimées, il est important de comprendre comment vous avez été opprimé dans votre famille dans le passé.

L'histoire de votre propre groupe culturel, souvent des générations en arrière, peut influencer la façon dont vous voyez d'autres groupes.

Si vous êtes au courant de la façon dont votre propre patrimoine historique vous a influencé, vous serez mieux équipé pour être un bon partenaire pour les d'autres.

D'autre part, si vous êtes une personne qui est déjà au courant de votre propre oppression, une partie des informations contenues dans cette section peut être familier.

Malheureusement, cependant, notre expérience de première main sur l'oppression ne nous apprend pas automatiquement comment être un partenaire pour les membres des autres groupes.

Afin de travailler en partenariat étroit avec d'autres groupes, nous avons tous à apprendre à être des partenaires efficaces les uns aux autres.

Pourquoi devenons-nous des partenaires ?

Il y a quelques raisons importantes. Premièrement, il est dans notre propre intérêt d'avoir des partenaires.

Dans le long terme, chacun de nos parcours sont liés aux autres.

Afin de vivre dans le genre de communautés que nous espérons, afin de construire une véritable unité et afin d'atteindre nos objectifs de bâtir des collectivités fortes, nous devons comprendre que nous sommes tous touchés quand une seule personne ou un groupe ne reçoit pas un traitement juste ou ne peut pas vivre une vie normale et décente.

Deuxièmement, c'est un phénomène naturel.

Pourquoi ? Parce que les êtres humains sont des animaux qui vivent en société ou en communauté. Donc ceux qui ne vivent pas en société ne sont pas considéré comme des êtres humains. Ensuite, la communauté est caractérisée par la justice et l'amour.

Si nous voulons vivre dans des collectivités qui ont un haut niveau moral, nous nous devons commencer par faire ce qui est juste.

Pourquoi les leaders communautaires devraient apprendre à être partenaires à des personnes d'origines culturelles différentes et à des groupes opprimés ?

Comment devenir un partenaire pour des gens de divers milieux et de groupes opprimés ?

Il y a plusieurs façons différentes d'être un partenaire.

Par exemple, apprendre un métier à des gens est plus mieux que de distribuer des billets de banque pour les aider.

Apprendre aux habitants du quartier à mener des réunions communautaires, plutôt que de diriger les réunions soi-même.

Quelles que soient les circonstances, en tant que membres d'une communauté, nous avons probablement plus de capacité à être des partenaires efficaces les uns aux autres.

Nous avons la capacité de penser à l'autre, se renforcer mutuellement et agir au nom de l'autre dans notre vie au jour le jour ou dans des situations d'urgence.

Et comme presque tout le reste, être un partenaire est une compétence. Bien qu'un partenaire arrive souvent naturellement dans votre vie, vous pouvez apprendre à être un bon partenaire pour les autres.

Même si vous n'êtes pas membre d'un groupe culturel particulier, vous avez un rôle à jouer.

Vous pourriez être en mesure d'intervenir et de soutenir efficacement le groupe.

En tant que partenaire, vous avez un point de vue différent de celui des personnes directement impliquées.

Avez-vous déjà été victime d'un accident ?

Vous avez certainement une perspective différente de la victime d'un accident.

Si vous êtes un partenaire, vous n'êtes pas directement ciblés par cette oppression particulière ou un ensemble de circonstances. Vous pouvez voir à l'extérieur de celui-ci et de présenter un point de vue différent.

Votre point de vue peut être utile pour les gens qui sont ciblés. Vous êtes dans une position distincte pour aider.

D'autres points importants à retenir au sujet d'être un partenaire :

Vous ne devez pas attendre jusqu'à ce que quelqu'un vous invite à devenir un partenaire ; vous pouvez simplement prendre l'initiative.

Tout le monde peut être un allié à quelqu'un d'autre.

Que vous soyez Marocain, Algérien, Tunisien, Égyptien, Tchadien, Nigérien, Soudanais, Sénégalais, Malien, Ivoirien, Togolais, Gabonais, Camerounais, Congolais, Angolais, Ougandais, Ethiopien, Tanzanien, Zambien, Sud-africain, chrétien ou musulman, handicapés, jeunes, vieux, pauvre, albinos, etc…, vous avez le droit d'être un partenaire et d'agir au nom de votre communauté.

Comme vous apprendre à être un partenaire, rappelez-vous que les partenaires font aussi des erreurs !

Si vous allez vous impliquer, vous allez faire des erreurs. C'est mieux que de ne rien faire.

Être un partenariat est une relation réciproque.

Nous vivons dans un contient africain de plus en plus diversifié. Afin d'organiser, d'unifier et de responsabiliser les communautés, les gens ont besoin d'apprendre comment agir au nom de l'autre.

Lorsque vous donnez un soutien à d'autres, vous développez des partenariats pour vos propres groupes et vos propres causes.

En fait, il n'y a probablement pas de meilleure façon de faire que d'être partenaire à quelqu'un d'autre.

Afin de faire face et de changer les problèmes systémiques qui provoquent l'oppression, vous aurez besoin d'un grand nombre de personnes qui travaillent ensemble en collaboration et qui ne sont pas vulnérables à la technique de diviser pour mieux régner.

De fortes alliances entre de nombreux groupes peuvent fournir la puissance de personnes nécessaires pour faire des changements systémiques.

Lorsque vous êtes debout contre l'oppression, vous créez une norme morale dans votre communauté.

Vous mettez les gens sur alerte que le ciblage de groupe ne sera pas autorisé.

Être un partenaire est un antidote à l'isolement pour ceux qui sont visés par l'oppression.

Nos communautés ont besoin des voix, des opinions et de l'aide de personnes de tous les groupes ethniques. Comme nous tendons la main aux groupes, ils seront plus susceptibles de participer et donner leur énergie pour la communauté.

Dans le processus de devenir un partenaire, vous avez la possibilité de retrouver votre humanité dans une société qui peut souvent être fragile politiquement.

Pourquoi ne pas devenir un partenaire ?

Tout le monde ne devrait être un allié devant toutes les situations. Il y a des moments où nos motivations ne sont pas utiles ou peuvent même être préjudiciables.

Voici quelques exemples :

Ne pas être un partenaire à divers groupes comme un moyen d'éviter votre propre groupe. Si vous n'aimez pas votre propre groupe, vous ne serez pas capable d'aimer les autres groupes.

Les gens vont détecter votre manque de fierté et ne seront pas capable de vous faire confiance.

En outre, vous devez être ouvert à la compréhension de tous les groupes.

Ne soyez pas un allié pour atténuer les sentiments de culpabilité. Atténuer la culpabilité est généralement pas un facteur de motivation solide à long terme.

Si vous vous sentez coupable, cela peut éventuellement conduire à la colère, et votre comportement devient alors réactif.

Ne pas être un allié pour aider les gens parce que vous êtes mieux les autres.

Cela peut être évident, mais c'est important.

Parfois, les gens sont motivés par la conviction inconsciente que l'oppression est la faute des opprimés.

Si nous pensons que nous sommes meilleurs que les autres, nous ne faisons que renforcer la discrimination.

Comment devenir un partenaire ?

L'établissement d'une amitié ne peut pas être un événement sensationnel qui a besoin d'être rapporté dans les journaux, mais c'est probablement l'une des choses les plus importantes que vous pouvez faire en tant que bâtisseur communautaire.

Chaque personne a besoin de savoir qu'elle est importante et l'amitié est l'un des outils les plus puissants dont nous disposons pour véhiculer ce message. Une des parties les plus dommageables de l'oppression est le message donné aux gens qui ne font pas de différence.

L'amitié est l'antidote de ce message.

En outre, l'amitié est la base de presque tout partenariat.

Par exemple, avoir une amitié avec quelqu'un dans un groupe culturel différent peut vous aider à obtenir un premier aperçu des problèmes que les gens rencontrent dans leur vie au jour le jour.

Brisez les barrières et la méfiance entre les groupes, se produit généralement entre deux personnes, pas seulement dans les actes de la législation ou des politiques.

Dans la plupart des égards, c'est la même chose que faire des amis avec tout le monde.

Vous passez du temps avec les gens. Vous essayez de mettre en place des projets dans lesquels vous pouvez travailler ensemble afin que vous puissiez avoir des contacts au jour le jour.

Vous demandez ce que les gens sont intéressés à faire et écoutez les réponses. Vous mettez également votre confiance sur les personnes que vous voulez apprendre à connaître.

L'établissement d'amitiés est un processus lent qui se construit avec interaction. Lorsque vous êtes amis avec des gens qui ont une culture différente, ou qui ont une histoire avec l'oppression, il est important d'être plus sensibles, plus patient, et de faire plus d'efforts.

Quand les gens ont été maltraités par la société dans son ensemble ou par votre groupe en particulier, la confiance prendra plus de temps à établir.

En outre, si les gens témoignent au sujet de leurs déceptions avec d'autres personnes ou d'autres groupes, essayez de ne pas être sur la défensive.

C'est peut-être un signe que vous avez gagné assez de confiance, pour être honnête avec vous sur la façon dont ils voient les choses. Voulez-vous que les gens soient réels avec vous ?

Connaître plus sur l'histoire et la culture des autres

Si vous voulez être utile pour les autres, vous devez apprendre quelque chose sur eux.

Les histoires, leurs croyances religieuses, leurs points forts, ou comment ses gens ont été opprimés. Par exemple, si vous voulez être partenaire avec un Rwandais, vous pouvez lire l'histoire du Génocide rwandais entre les Tutsis et les Tutus.

Ou bien, si vous voulez être un partenaire avec une vieille personne, vous pourriez demander ce que ça fait de vieillir. Comment les personnes âgées sont traitées dans la société ? Sont-ils pris au sérieux ? Sont-ils exclus des célébrations ? Et qu'en est-il d'avoir à composer avec des soins de santé ?

Faire son propre examen de conscience

Afin d'être un partenaire efficace pour les autres, nous devons faire face à nos propres préjugés.

Nous devons prendre conscience de la façon dont nous pouvons involontairement être tribaliste, xénophobe, etc.

Nous portons tous la désinformation et les stéréotypes au sujet des autres personnes, surtout, quand nous sommes jeunes.

Nous assistons aussi aux personnes mal traitées parce qu'ils sont pauvres, etc. Toutes ces expériences sont source de confusion pour les jeunes enfants ; Ces expériences, comme toute expérience douloureuse, se renferment à l'intérieur de nous et ne disparaissent pas.

Elles nous fournissent une base de l'incompréhension et de la peur sur laquelle nos préjugés sont construits.

Nous ne sommes pas de mauvaises personnes parce que nous avons acquis les préjugés ;

Prendre position

Peut-être le moyen le plus important d'être un partenaire est d'agir, de parler, ou de prendre position quand un individu ou un groupe est pris pour cible.

Il existe une variété de méthodes que les gens utilisent pour prendre des mesures lorsque l'injustice est destinée à un groupe.

Celui que vous choisirez dépendra de la situation.

Ce pourrait être une annonce dans les journaux, un boycott ou une manifestation pour changer la situation.

Prendre position pour parler contre l'injustice nécessite généralement le courage, mais ce n'est pas tout.

Promouvoir le leadership des autres

Vous pouvez être un bon partenaire en promouvant le leadership des autres car cela permet aux gens d'être indépendant.

En particulier, vous pouvez faire des occasions de leadership plus accessibles aux paysans, aux femmes, aux personnes à faible revenu, aux personnes handicapées et aux jeunes.

Vous pouvez promouvoir des leaders en offrant une formation de leadership formel ou informel, en invitant les individus à assumer des rôles de leadership ou en les soutenant lors des élections locales.

L'objectif d'ensemble est de permettre aux jeunes de devenir les leaders de leurs communautés.

Une fois que vous avez réussi à promouvoir une personne dans une position de leadership, elle aura toujours besoin de vous.

Tout le monde a besoin de soutien quand ils sont dans un rôle de leadership, en particulier les personnes qui ne possèdent pas beaucoup d'expérience.

Groupe de soutien

L'un des moyens les plus efficaces d'être un partenaire est d'aider les groupes à acquérir une puissance à long terme dans leurs communautés.

Cela peut signifier la consultation des groupes pour les aider à écrire des subventions qui leur permettent d'être indépendants, cela peut signifier l'appui d'un groupe culturel à gagner plus de puissance dans la politique locale, ou peut signifier aider les gens à acquérir plus de contrôle sur leur logement.

Aidez à apporter des groupes isolés ou marginalisés au centre des activités communautaires :

Chaque groupe devrait avoir des contacts avec la communauté.

Lorsque les groupes deviennent isolés, ils ont souvent besoin d'aide.

En tant que partenaire, nous devons amener les autres et les groupes au centre de nos communautés.

Créez des opportunités pour les membres des groupes à identifier leurs similitudes, leurs différences et leurs actifs

Par exemple, il y a un taux élevé d'abus d'alcool et de drogues chez les jeunes parce qu'ils aiment se détendre et ne rien faire.

Si nous supposons que nous sommes différents à cause de notre culture, religion, sexe ou de notre origine ethnique, nous pouvons finir par la perpétuation des stéréotypes.

Mais si nous nous concentrons uniquement sur nos similitudes, nous risquons d'ignorer les différences qui rendent nos groupes spéciaux et qui sont importants pour nous.

Et si on ne regarde que ce qui est mauvais chez quelqu'un d'autre, nous ignorons leurs forces et leurs valeurs.

Considérons un effort pour combler les différences entre les ethnies et les cultures dans nos communautés.

Interagir et développer la confiance, la convivialité, la chaleur et l'empathie.

Voyez ce qu'ils les gens ont en commun en tant que membres d'une même communauté ou des communautés différentes.

Renseignez-vous sur les choses qui façonnent la vie et cause des différences entre les groupes ethniques, en particulier les différences liées au pouvoir politique et le statut socioéconomique.

Minimisez les influences externes qui perpétuent les stéréotypes fondés sur l'ethnie, la nationalité, et d'autres qualités.

Gardez à l'esprit qu'aider les gens à voir leurs similitudes et leurs différences n'est qu'une seule étape dans le processus de construction de la communauté.

À moins que ce processus soit lié à des actions qui changent les comportements des groupes de personnes et des institutions, le changement ne se produira qu'au niveau individuel.

Construire sur les questions que vous connaissez mieux et qui touchent toute la communauté.

Quels types d'événements pouvez-vous organiser ?

En même temps que vous effectuez un processus pour aider les individus à trouver un terrain d'entente, vous pouvez également planifier des événements qui célèbrent la diversité de votre communauté.

Ces événements devraient être ouverts à tout le monde dans la communauté. Ces événements contribueront également à mettre en évidence les actifs de chaque groupe dans la communauté.

Une autre façon de célébrer la diversité de la communauté est de reconnaître intentionnellement et apprécier les traditions qui ont tendance à être éclipsé par les festivités historiquement dominantes.

Découvrez comment chaque groupe célèbre, commémore, ou se lamente sur les événements importants de leur histoire et leur culture.

L'identité d'un groupe et sa situation actuelle

Les activités pour éduquer les gens sur les conditions et les forces qui contribuent à façonner l'identité d'un groupe et sa situation actuelle peuvent être effectuées (par exemple, une campagne de sensibilisation du public).

Ces activités devraient également être menées en même temps que les dialogues pour identifier les points communs et les événements pour célébrer la diversité.

Le but principal de ces activités est d'aider divers groupes à comprendre l'histoire, l'oppression et l'injustice qui forment la base de la raison pour laquelle les groupes sont traités différemment.

Les indices visuels, tels que des images d'esclaves ou les travailleurs des chemins de fer pendant la colonisation pourraient être utilisées pour susciter la discussion entre un petit groupe diversifié.

Les membres pourraient être invités à décrire ce que les images signifient pour eux.

Quelqu'un informé sur l'histoire de l'image pourrait être invité à partager l'information avec le groupe.

Une autre possibilité est de sélectionner un symbole important dans la communauté (par exemple, la statue d'une personne de premier plan, le nom d'une école, des bâtiments historiques) et demander à chaque personne de décrire ce que ce symbole signifie pour lui ou elle.

Ceci est un exercice particulièrement utile pour les nouveaux arrivants dans une communauté.

Des campagnes d'éducation du public peuvent être une stratégie utile pour sensibiliser la communauté sur les conditions qui ont contribué à façonner l'identité d'un groupe et sa situation actuelle.

Dans ces campagnes, utiliser les données de recherche (par exemple, citer des données statistiques sur les contributions fiscales d'un groupe) et des histoires réelles.

Des exemples d'idées pour une campagne d'éducation publique comprennent :

Une série d'articles dans les journaux locaux sur l'histoire d'un groupe récemment réinstallés dans la communauté et des affiches qui célèbrent la diversité de la communauté.

Des voyages prévus vers différentes institutions religieuses dans la communauté et des discussions sur les différents symboles et pratiques religieuses.

Des discussions prévues dans les écoles, les associations et d'autres paramètres de la communauté sur des sujets tels que le tribalisme et le régionalisme institutionnalisé, la xénophobie et d'autres formes de discrimination.

À la fin de chaque activité, inclure un coupon détachable de telle sorte que les personnes intéressées à participer à votre communauté peuvent vous envoyer leurs coordonnées.

De cette façon, vous pouvez élargir le cercle des personnes qui veulent faire quelque chose à propos de la diversité de leur communauté et en même temps, établir une liste des bénévoles potentiels.

Les cartes postales pourraient être distribués à la fin des discussions et des visites sur le terrain pour le même but.

Comment surmonter les défis ?

Les gens auraient eu des expériences positives ou négatives dans le passé avec les processus d'apprendre à connaître les uns les autres, construire des coalitions, ou briser les barrières du groupe.

Par exemple au Mali, les administrateurs Touareg du Nord ont essayé de travailler avec les dirigeants politiques de Bamako dans le passé.

La tentative a échoué en raison des barrières culturelles dans le style de communication.

En conséquence, les deux groupes ont connu des sentiments négatifs sur l'autre et une nouvelle rébellion Touareg appelée Mouvement National pour la libération de l'Azawad (MNLA) a divisée le Mali en deux parties.

Découvrez les groupes qui ont essayé de travailler ensemble avant et quelles étaient leurs expériences.

Demandez-leur ce qui encourage les gens à encore travailler ensemble ou pour la première fois.

Ces processus de groupe, en particulier pendant les discussions sur les différences de pouvoir, pourraient créer des tensions et des conflits.

Parfois, les groupes ont tendance à se comparer en fonction du degré auquel ils ont été opprimés.

Aider les groupes à comprendre que leur effort collectif pourrait contribuer à réduire la discrimination de toutes sortes.

Chaque organisation et ses membres devraient garder à l'esprit que le changement n'est pas facile pour les humains.

Beaucoup d'entre nous résistent et sont entraînés dans les processus différents.

Mais lorsque nous apprenons à comprendre les autres, nous améliorons nos chances de faire mieux les choses dans un monde de plus en plus diversifié.

Il y aura des situations où les gens peuvent avoir raison sur les deux côtés d'une question.

Il est essentiel d'aborder le processus de changement en sachant que le compromis, la patience et la compréhension doit être un thème central.

Cela nous amène au début de la construction d'organisations culturellement compétentes.

Les organisations compétentes

La culture est définie comme l'ensemble des traditions, des croyances, des coutumes, des histoires et des institutions d'un groupe de personnes.

La culture est partagée par des personnes de la même origine ethnique, linguistique, religieuse.

C'est un système de règles qui sont la base de ce que nous sommes et affectent la façon dont nous nous exprimons dans le cadre d'un groupe et en tant qu'individus.

Nous développons tous dans un certain type de culture.

Notre environnement détermine ce que nous apprenons, comment nous apprenons, et les règles de vie avec les autres. Ces règles sont transmises d'une génération à l'autre et sont souvent adaptés selon le temps et les lieux.

Les règles sont absorbées par les enfants car ils se développent, que ce soit par le bouche-à-oreille ou tout simplement à travers les documents.

Les organisations ont des politiques, des procédures, des programmes et des processus pour intégrer certaines valeurs, croyances, hypothèses et coutumes.

Connaissance culturelle

La connaissance culturelle signifie que vous savez certaines caractéristiques culturelles, l'histoire, les valeurs, les croyances et les comportements d'un autre groupe ethnique ou culturel.

Conscience culturelle

La conscience culturelle est la prochaine étape de la compréhension des autres groupes qui est ouverte à l'idée de changer les attitudes culturelles.

Sensibilité culturelle

La sensibilité culturelle est de savoir qu'il existe des différences entre les cultures, mais pas à attribuer des valeurs aux différences (mieux ou pire, bonnes ou mauvaises).
Les affrontements sur ce point peuvent facilement se produire, surtout si une coutume ou une croyance va à l'encontre de l'idée du multiculturalisme.

Le conflit interne est susceptible de se produire à certains moments au cours de cette question.

Le conflit ne sera pas toujours facile à gérer, mais il peut être plus facile si tout le monde est conscient des objectifs de l'organisation.

Compétence culturelle

La compétence culturelle rassemble les étapes précédentes et ajoute l'efficacité opérationnelle.

Une organisation culturellement compétente a la capacité d'apporter dans son système de nombreux comportements, attitudes et politiques pour travailler efficacement dans des contextes interculturels afin de produire de meilleurs résultats. En se concentrant sur la culture de l'organisation, elle supprime la nécessité de placer le blâme et assumer la culpabilité.

Quels sont les types de diversité dans une organisation ?

Il y a tous les types de diversité dans une organisation.

Cependant, certains types de diversité ont un impact plus important sur les unes des autres parce qu'elles ont une signification historique.
Ces types de diversité sont associés à une histoire de l'inégalité et de l'injustice

Ces types de diversité comprennent :

Les groupes marginalisés ou socialement exclus
Nationalité
Origine ethnique
Langue maternelle
Sexe
Classe sociale
Croyances et pratiques spirituelles
Capacité physique et mentale

D'autres types de diversité qui devraient être considérés, mais ont tendance à être moins saillantes comprennent :

L'Âge
Niveau d'instruction
Situation familiale
État de santé
Style de vie
Compétences et talents
Idées

L'expérience militaire
Zone géographique
La propriété des biens
Statut professionnel
Statut socioéconomique

La diversité

La diversité est la réalité. Nous sommes tous liés par la mondialisation croissante des communications, du commerce et des pratiques de travail.
Des changements d'un pays affectent les gens partout en Afrique.
Compte tenu de la diversité des problèmes, travailler ensemble semble être la meilleure stratégie pour la réalisation de nos objectifs.
À cause du changement économique et social, les organisations sont la compréhension de la nécessité d'une compétence culturelle.
Par exemple, le grand marché de Pointe-Noire, la capitale économique du Congo-Brazzaville, est composé à 80% des ressortissants de l'Afrique de l'Ouest.
Il existe de nombreux avantages à la diversité, comme les riches ressources d'idées alternatives pour savoir comment faire les choses, la

possibilité de contact avec des personnes de toutes les cultures et nationalités qui vivent dans votre communauté, l'aide à l'élaboration de stratégies de réponse rapide aux changements environnementaux et une source d'espoir et de succès dans la gestion de notre travail et de survie.

Les avantages de la construction des compétences culturelles sont :

Augmentation du respect et de la compréhension mutuelle entre les personnes concernées.

Augmentation de la créativité dans la résolution de problèmes grâce à de nouvelles perspectives, idées et stratégies.

Diminution des mauvaises surprises qui pourraient ralentir les progrès.

Augmentation de la participation et l'implication des autres groupes culturels.

Augmentation de la confiance et la coopération.

Soutient pour surmonter la peur des erreurs, la concurrence, ou les conflits.

Par exemple, par la compréhension et l'acceptation de nombreuses cultures, tout le monde est plus susceptible de se sentir plus à l'aise en général.

Augmentation de l'inclusion et l'égalité.

Une organisation doit devenir culturellement compétente quand il y a un problème ou une crise, une vision commune et un résultat souhaité.
Une organisation est prête à devenir culturellement compétente lorsque des groupes et des leaders potentiels collaborent.

Vision et contexte

D'abord ce processus demande du temps et des efforts pour que des groupes historiquement différents commence à travailler ensemble de manière efficace.
Un problème commun est la domination culturelle et l'insensibilité.
Dans les organisations où les riches sont majoritaires, les pauvres peuvent être tenus de se conformer aux normes des riches et d'être biculturel et bilingue.
Par exemple, le Lingala qui est une langue parlée au Nord du fleuve Congo, est devenu populaire en République démocratique du Congo (RDC),

parce que le président Joseph Désiré Mobutu était originaire du Nord.

Impliquer et inclure les personnes de toutes les cultures dans le processus d'élaboration d'une vision pour l'organisation est la base du développement.

Sensibilisation

Inclure divers groupes de personnes de votre communauté à la création de l'organisation.

Cela peut faire en sorte que le développement de votre organisation reflète de nombreuses perspectives.

Reconnaître que changer l'apparence de votre adhésion est seulement la première étape dans la compréhension et le respect de toutes les cultures.

Développer et utiliser des règles de base qui établissent des normes communes, renforcent un comportement constructif et respectueux, et protègent contre les comportements préjudiciables.

Encourager et aider les gens à développer des qualités telles que la patience, l'empathie, la confiance, la tolérance, et une attitude impartiale.

Formation sur la diversité

Prendre conscience de la diversité culturelle de l'organisation.

Essayez de comprendre toutes ses dimensions et de rechercher l'engagement de ceux qui participent à nourrir la diversité culturelle.

Aborder les mythes, les stéréotypes et les différences culturelles qui interfèrent la pleine contribution des membres.

La structure organisationnelle et les procédures d'exploitation

Partagez le travail et le pouvoir. Créer des systèmes qui garantissent l'équité, la responsabilité et la visibilité pour tous les groupes.

La dictature avec un groupe ou d'un responsable peut créer des inégalités. Il est donc important de créer une structure de prise de décision dans laquelle tous les groupes culturels ont une voix à tous les niveaux.

Trouver des façons d'impliquer tout le monde en utilisant différents types de rencontre.

Élaborer des politiques et des programmes opérationnels qui se posent pour lutter contre le tribalisme et d'autres formes d'intolérance.

Mener des critiques pour construire un ensemble commun d'attentes, des valeurs et des méthodes d'exploitation.

Communication

La communication est l'outil de base qu'une organisation peut utiliser pour unir les gens.

Utiliser un langage inclusif sur la valorisation de citer de sources diverses. Apprendre et appliquer l'étiquette culturelle de vos membres. Apprenez à lire les différents comportements non verbaux.

Ne présumez pas la compréhension et la connaissance des règles non écrites communes.

Utiliser l'humour de façon appropriée : rire les uns avec les autres.

Apprenez à écouter ce qui est dit, et non ce que vous voulez entendre. Invitez d'autres personnes à faire partie de la discussion.

Adaptez votre style de communication pour répondre à la situation : des conflits surgissent parfois simplement à cause du style d'une communication plutôt que de son contenu.

Le maintien de l'engagement

Votre organisation deviendra plus connectée avec la communauté si elle maintient ses engagements.
Continuer à réévaluer les différentes composantes qui traitent la sensibilisation, la compréhension, la communication et l'entretien de votre organisation culturellement diversifiée.

Réconciliation

La réconciliation aide les membres des groupes en conflit à :
Considérer l'autre en tant qu'individus et non pas seulement en tant que représentants de leur groupe.
Avouez que l'injustice existe sur la base de différences entre les groupes.
Prendre un engagement personnel et collectif pour le changement social.
Imaginez l'avenir en se réunissant sur un terrain commun, tout en respectant les droits des gens à maintenir leurs traditions et valeurs culturelles.

Élaborer des stratégies pour lutter contre le tribalisme.

Il existe différentes façons de le faire, y compris :
Créer une atmosphère intime pour les membres des groupes à manger, dormir, et jouer ensemble.

Les congrégations religieuses qui ont divers membres ont joué un rôle clé dans la création d'un tel environnement.

Demandez aux membres de tous les groupes de partager des histoires au sujet de leurs expériences avec l'injustice.

Le partage des histoires est une méthode efficace pour aider à dissiper les stéréotypes et personnaliser les expériences positives ou négatives.

Convoquer les groupes qui sont impliqués dans le conflit pour discuter de leurs perceptions de la cause de leur conflit et d'identifier ce qu'ils peuvent faire ensemble pour résoudre le problème.

Lancer une campagne d'éducation publique qui sensibilise sur les causes profondes du conflit et inviter les gens à un pas en avant pour aider à éliminer les causes.

Mener une analyse des relations structurelles qui contribuent au conflit.

Il est important, dans le cadre du processus de transformation des conflits, d'anticiper sur l'avenir.

Rappelez-vous que ce n'est pas seulement à cause de la résolution des conflits, mais c'est aussi pour promouvoir l'harmonie et soutenir l'équité dans la communauté.

Vous pourriez demander aux participants d'élaborer des plans d'action individuels pour eux-mêmes et des plans collectifs.

Bilan général

Au cours de ce processus de visualisation, les questions suivantes sont essentielles :

Où sommes-nous actuellement ?
Où allons-nous ?
Où voulons-nous être ?
Comment pouvons-nous y arriver ?
Que pouvons-nous faire individuellement et collectivement ?
Quels sont les moyens pour faire en sorte que les conflits transformés et les alliances renforcées soient maintenus ?

Ne pas sous-estimer le nombre de personnes qui sont engagés et prêts à faire du bénévolat pour les petites tâches.

Les forces qui travaillent pour la réconciliation, le renforcement de la coalition et les systèmes de changement sont si écrasantes qu'il est facile d'abandonner après une tentative infructueuse de transformer un conflit.

Élaborer des plans individuels et collectifs d'action pour chaque membre et chaque groupe.

Comprendre l'organisation sociale pour améliorer l'engagement

Afin de travailler efficacement dans une communauté culturellement et ethniquement diversifiée, un bâtisseur communautaire doit d'abord comprendre comment chaque groupe ethnique est organisé afin de soutenir ses membres.

Une fois qu'un bâtisseur communautaire comprend l'organisation sociale du groupe, il deviendra plus facile d'identifier les dirigeants les plus appropriés, aider à construire des ponts, et de travailler sur plusieurs groupes dans une communauté diversifiée.

Qu'est-ce que nous entendons par organisation sociale ?

L'organisation sociale se réfère au réseau de relations dans un groupe et leurs interconnexions. Ce réseau de relations aide les membres d'un groupe à rester connectés les uns aux autres afin de maintenir un sentiment de communauté au sein d'un groupe.

L'organisation sociale d'un groupe est influencée par la culture et d'autres facteurs.

Au sein de l'organisation sociale d'un groupe de personnes, il y a des leaders.

Qui sont les leaders ?

Les leaders sont des individus qui ont des adeptes, une circonscription ou tout simplement un groupe de personnes qui ils peuvent influencer.

Un constructeur de la communauté a besoin de savoir qui sont les leaders dans un groupe afin d'obtenir un soutien pour son travail de construction de la communauté.

Comment pouvez-vous en savoir plus sur une communauté ?

Trouver un informateur de cette communauté et utiliser ses contacts pour vous guider vers d'autres membres de la communauté et ses dirigeants.

Passez du temps à des endroits qui sont fréquentés par les membres du groupe et parler aux gens là-bas.

Lire des articles sur les événements et les activités de la communauté et des organisations qui les parrainent.

Examinez les annonces concernant les événements et d'autres activités et les organisations qui les parrainent.

Regardez dans l'annuaire téléphonique ou recherchez sur Internet une liste des organisations qui soutiennent les communautés.

Comment les défis peuvent être surmontés ?

Au cours de ce processus, il ne faut pas organiser des discussions sur les mérites ou les faiblesses des autres dirigeants.

Ne pas partager des informations sur ce que les autres dirigeants pourraient ou ont déjà dit.

Écoutez.

Des perceptions erronées rendraient très difficile la construction des relations dans votre communauté.

Vous devez tenir compte de plusieurs facteurs avant de commencer à s'engager.

Comment ont été les efforts de renforcement de la communauté précédente, le cas échéant, initié dans le passé ? Qui les a initiés ? L'effort a été efficace ?

Il est impossible pour les leaders communautaires de tout savoir sur chaque groupe et sa culture.

Ne pas avoir peur de reconnaître votre ignorance. Afficher l'humilité, le respect de l'influence de chaque leader et demander à être éduqué.

Vous devez être conscient des avantages et des inconvénients de travailler avec un groupe de personnes qui ne partagent pas votre culture.

Si vous avez l'avantage de connaître la culture et la langue d'un autre groupe, c'est parfait.

Il serait également utile d'éviter certaines des attentes et des perceptions erronées.

En outre, le travail en équipes est un exemple pour les dirigeants d'un groupe et les groupes.

Il y a généralement plusieurs sous-groupes au sein d'un groupe ethnique ou culturel qui sont en concurrence les uns avec les autres en raison des différences dans l'affiliation politique, le statut socioéconomique, l'ascendance ou l'origine régionale.

En tant que constructeur de la communauté, vous devez faire attention à ne pas créer de nouvelles tensions.

Maintenir un point de vue neutre et ne pas se laisser entraîner dans des discussions sur d'autres dirigeants.

Par exemple, supposons que les dirigeants locaux et informels dans un groupe donné ont besoin d'aide pour renforcer leur leadership, le renforcement de la coalition ou des compétences de communication interculturelle sera indispensable.

Vous pouvez identifier les ressources et l'expertise pour les aider ou vous pourriez servir de coach au groupe.

Ce processus lui-même peut être une stratégie de développement communautaire utile.

Bâtir des communautés inclusives

Les changements conflits politiques et les catastrophes naturelles ont conduit à la migration des personnes vers différentes communautés.

Les communautés qui ont été une fois assez homogène connaissent un afflux massif de nouveaux arrivants de différentes origines ethniques et culturelles.

Une communauté qui se sent menacée par sa diversité croissante est à risque de confrontations nocives, notamment des émeutes.

Considérons une communauté Mandingue qui est partie principalement du Burkina Faso pour s'installer en Côte-d'Ivoire.

Lorsque les nouveaux membres sont arrivés au Nord de la Côte-d'Ivoire, les organisations existantes, qui reflètent la culture dominante, n'ont rien fait pour changer la façon dont ils considèrent les Mandingues.

Un jour, lorsqu'un Dioula (Mandingue) a annoncé sa candidature aux élections présidentielles, les Baoulés ont directement remis en cause la nationalité du candidat Dioula.

Une nouvelle politique appelée concept de la nationalité ivoirienne a été initiée par le président

Baoulé, pour écarter les Dioulas de la vie politique.

Cette politique est la cause principale de la guerre civile de Côte-d'Ivoire.

Aujourd'hui, il faut créer des structures et des processus pour veiller à ce que tous les citoyens soient traités de manière égale et équitable.

De tels incidents négatifs, qui ont eu lieu avant et continuent de se produire dans certaines communautés ivoiriennes, montrent combien il est important pour nous de construire des communautés inclusives en Afrique.

Qu'est-ce qu'une communauté inclusive ?

C'est une communauté qui favorise l'égalité des chances et de traitement pour éliminer toutes les formes de discrimination.

Elle engage tous ses citoyens dans les processus de prise de décisions qui affectent leur vie.

Pourquoi construire une communauté inclusive ?

Les actes de l'exclusion et de l'injustice fondée sur l'identité d'un groupe et d'autres facteurs ne devraient pas être autorisés à se produire ou continuer dans la communauté.
Toutes les personnes ont le droit de faire partie des décisions qui affectent leur vie et les groupes auxquels ils appartiennent.
La diversité enrichit nos vies, donc il vaut notre temps pour valoriser la diversité de notre communauté.

Quand faut-il construire une communauté inclusive ?

Une communauté inclusive peut être construit à tout moment. La nécessité d'avoir une communauté inclusive, cependant, est la plus évidente quand il y a eu une décision ou un incident qui a causé un préjudice à un groupe particulier.
Il est important de considérer la motivation derrière un individu, un groupe, ou le désir d'une communauté à construire une communauté

inclusive parce que la motivation affecte les éléments suivants :

Les types et stratégies

S'il y avait une crise, vous pourrez commencer par une stratégie qui transforme le conflit. S'il n'y avait pas de crise, mais plutôt la vision d'un leader de la communauté, vous pourrez envisager de commencer par une campagne de sensibilisation du public.

Les ressources disponibles

Plus de ressources pourraient être mobilisées si la motivation est venue d'une grande institution ou d'une fondation locale.

Si le groupe dominant de votre communauté est aussi motivé, cela est susceptible d'obtenir plus de soutien. Si, toutefois, le groupe dominant n'a aucun intérêt à changer, il y a probablement plus d'obstacles.

Taux de progrès

Si les principaux dirigeants et les groupes soutiennent l'effort, le progrès est susceptible d'être plus rapide.

Résultats attendus

Si l'objectif est de sensibiliser et de promouvoir un traitement équitable de tous les groupes, toutes les personnes impliquées seront susceptibles d'obtenir satisfaction par un changement politique.

Faites vos devoirs et recueillir des informations sur la communauté.

Découvrez comment l'histoire des grands groupes qui vivent dans votre communauté (à savoir, la durée, les schémas de migration, les changements politique, économique et sociale).

Vous pouvez commencer par communiquer avec les agences gouvernementales locales et les groupes de la planification.

Vous pouvez également consulter le Bureau du recensement de votre ville ou quartier.

Visiter la communauté et de prêter attention aux activités sociales, l'évolution des logements et des conditions de vie.

Participez à des activités communautaires, parler aux gens, et rencontrer les dirigeants de la communauté locale.

Observez et posez des questions sur les caractéristiques qui distinguent les groupes les uns des autres. Ces caractéristiques pourraient inclure la tradition culturelle et l'origine ethnique, la classe socio-économique, les catégories d'emploi, et / ou de la religion.

En savoir plus sur l'organisation sociale des différents groupes, y compris leurs points sociaux, les réseaux de soutien, et les grandes institutions.

Identifiez les principaux événements (par exemple, politiques, sociaux et économiques) qui affectent la communauté.

Examinez les liens entre ces événements et d'autres changements dans la communauté. Portez une attention particulière à la façon dont ces événements ont affecté les principaux groupes de la communauté.

Identifiez et assister aux événements traditionnels de la communauté.

Le Travail avec les dirigeants influents

Consultez les conseils communautaires composé de dirigeants influents de différents groupes pour vous aider à examiner, analyser et résumer les informations que vous avez recueillies avant.

C'est important lorsque vous travaillez avec plusieurs groupes ethniques et culturels pour construire une communauté inclusive.

Identifier tous les membres de votre communauté

Considérez la façon dont un problème ou d'inquiétude a été soulevée et décrits par les différents groupes et leurs dirigeants et les groupes qui peuvent être associés.

Cette information vous donnera une idée des individus ou des dirigeants qui sont prêts pour le changement et ceux qui sont résistants au changement.

Égalité des groupes

Assurez-vous que tous les groupes concernés sont considérés comme égaux. Les processus et procédures, formelles ou informelles, doivent être mises en place pour veiller à ce que les gens sont traités de manière égale et que les décisions sont prises en collaboration. Un exemple simple et commun est de savoir comment les différences linguistiques sont traitées lors des réunions et autres formes d'interactions publiques.

Les différences des autres

En apprenant à connaître quelqu'un ou un groupe de personnes, il faut éviter d'avoir un regard homogène.

Cela permet aux groupes de reconnaître que, même s'ils peuvent différer d'une certaine façon, ils peuvent toujours partager une identité commune ou des objectifs et des perceptions communes avec les autres.

Faire appel à tous les groupes et construire dans le temps des opportunités sociales formelles pour discuter, partager, etc.

Coordonner ou participer à des activités et des événements qui célèbrent la diversité de la communauté.

Mobilisez la communauté sur les conditions et les forces qui contribuent à façonner l'identité d'un groupe.

Cela est essentiel, parce que sinon, les groupes peuvent finir par apprécier leurs similitudes en ignorant les facteurs structurels (par exemple, le tribalisme institutionnalisé).

Si les causes profondes de ces différences ne sont pas reconnues et pris en compte, le changement qui se produit à partir de votre effort sera superficiel ou de courte durée.

L'identification des actifs

Les actifs dans ce contexte se réfèrent aux valeurs, aux traditions, aux événements historiques, aux œuvres d'arts, aux langues et à d'autres caractéristiques qui représentent l'identité d'une communauté.
Utilisez les échanges comme un moyen de signaler des stéréotypes ou des perceptions mal informés.

Transformation des conflits

Les conflits entre deux ou plusieurs groupes peuvent êtres inévitables lorsque les personnes ne se comprennent pas, ne s'apprécient pas les uns des autres ou lorsqu'il y a concurrence pour les ressources et le pouvoir.
Il est important de reconnaître que les différents groupes ont leurs propres façons de traiter les conflits.
Certaines cultures encouragent leurs membres à se conformer, alors que d'autres cultures encouragent leurs membres à défier les autres forces.

Le but est de ne pas faire disparaître les conflits, parce que c'est une tâche impossible, mais plutôt d'utiliser les conflits de manière constructive pour développer la capacité des gens à travailler ensemble.

Envisagez l'intégration d'un facilitateur extérieur qui peut travailler avec vous et le conseil de la communauté tout au long de l'effort pour transformer les conflits.

Reconnaître et respecter l'identité de tous les groupes pourrait avoir un effet positif sur le processus.

Soutenir nos institutions (la justice)

En tant qu'africain, nous devons promouvoir des moyens d'actions qui favorisent l'égalité d'accès aux opportunités économiques, sociales et éducatives.

Promouvoir la justice signifie que nous devons défendre un traitement équitable et une récompense juste en conformité avec l'honneur, les normes et la loi.

Le soutien des institutions (par exemple, les gouvernements locaux, les écoles, les réseaux communautaires, les groupes confessionnels, les médias), est essentiel pour créer un environnement qui prend en charge votre effort communautaire.

Le pouvoir, les ressources et les relations peuvent contribuer de manière objective à vos efforts.

Identifiez et engagez les dirigeants institutionnels dans vos projets communautaires est également une bonne méthode. Vous pourriez faire des présentations sur vos projets communautaires ou les inviter à participer à un événement ou une activité.

Trouvez un moyen de montrer aux institutions de votre pays la façon dont elles pourraient aider votre communauté en valorisant et en incluant tous les groupes.

Action collective réussie

Une action collective réussie améliore non seulement une communauté, mais aussi renforce les relations des groupes. Elle renforce l'expérience positive et le résultat de travailler ensemble.

Les groupes sont plus susceptibles de vouloir travailler à nouveau ensemble.

Prenez le temps de reconnaître et de célébrer, même le plus petit accomplissement.

Sur une plus grande échelle, une organisation qui a joué un grand rôle dans le succès pourrait inviter les dirigeants et les membres de tous les groupes à se joindre à la célébration.

Invitez une personne importante de votre communauté (par exemple, le maire, les directeurs d'écoles, les chefs religieux) pour inaugurer l'événement.

Écrire un article pour les journaux locaux.

Dans la reconnaissance et la célébration, souligner le fait que le succès a été possible parce que les groupes intégrés sur leurs points forts, ont apprécié leur diversité et ont travaillé ensemble sur une question commune.

Maintenir des relations stratégiques

Construire une communauté inclusive n'est pas un événement qui a un début et une fin. C'est un processus qui évolue en permanence.

Parfois, la communauté peut faire trois pas en avant, puis deux pas en arrière.

Ce qui est considéré comme un succès ou progrès, par opposition à l'échec, dépend d'un individu, d'un groupe d'individus et des institutions.

Peu importe où vous vous tenez, il est important de maintenir les relations, les stratégies et les changements ; peu importe la gravité de la situation, elles deviennent des outils pour gérer le processus de construction d'une communauté inclusive.

Créer des occasions pour maintenir des contacts fréquents et la coopération avec les autres.

Par exemple, si trois groupes se sont réunis pour commencer un programme communautaire, encourager ces groupes à institutionnaliser ce programme. Soyez optimiste, ouvert, etc.

Mettre en place un groupe de travail ou un comité de surveillance pour responsabiliser nos institutions face aux changements qui affectent l'inclusion.

Encouragez les dirigeants de vos pays à comprendre et œuvrer pour l'inclusion, l'équité, la justice et la démocratie.

Le leadership

Leadership élargit est la capacité des individus à exercer des rôles de leaders au sein des communautés.

Les rôles de direction peuvent être formels ou informels pour prendre des décisions et assumer la responsabilité.

Traditionnellement, le développement du leadership a mis l'accent sur le développement des capacités de leadership et les attitudes des individus.

Les caractéristiques personnelles peuvent aider ou nuire à la direction de l'efficacité d'une personne et exiger des programmes officiels de développement des compétences en leadership.

La lecture est efficace pour aider les jeunes à en savoir plus sur ce qui est impliqué dans la conduite.

Le succès des efforts de développement du leadership a été liée par trois variables :

Les caractéristiques de chaque individu

La qualité et la nature du programme de développement du leadership

Un véritable soutien pour le changement de comportement

Développer la capacité à formuler une image claire de l'avenir

L'attitude joue un rôle majeur dans le leadership.

Développer le leadership au niveau collectif

Le leadership peut également être développée en renforçant le lien entre les efforts des dirigeants et les systèmes par lesquels ils influencent les opérations organisationnelles.

Cela a conduit à une différenciation entre le développement de leader et le développement du leadership.

En outre, elle a aussi besoin de se concentrer sur les liens interpersonnels entre les individus dans la communauté.

Dans la conviction que la ressource la plus importante qu'une organisation possède est le peuple qui compose l'organisation, certaines organisations abordent le développement de ces ressources, y compris le leadership.

Par conséquent, le leader doit explorer la diversité, plutôt que de se concentrer sur les différences.

Planification de la relève

En Afrique, la relève nécessite généralement le transfert des compétences et des expériences pour construire un avenir meilleur.

La planification de la relève nécessite une mise au point nette sur l'avenir et la vision d'une communauté.

Ainsi, le développement du leadership est basé non seulement sur la connaissance de l'histoire, mais aussi sur un rêve.

Pour qu'un tel plan soit couronné de succès, une projection du futur leadership devrait être fondée non seulement sur ce que nous savons et mais aussi sur l'avenir.

Les personnes impliquées dans la planification de la relève doivent avoir trois dimensions :
- Compétences et connaissances
- Rôle perception et le degré d'acceptation du rôle principal
- L'auto-efficacité

Notes et Références

Une jeunesse positive s'impose sur le genre qui a existé pendant la plupart de notre histoire, ce qui reflète un groupe culturel dominant. (page 9)
L'oppression intériorisée empêche les gens de s'unir, en rendant difficile le travail… (page 11)
L'amélioration des mentalités africaines est seulement la première étape. Une communauté culturellement compétente souligne également les avantages de la diversité culturelle, des contributions de chaque culture, encourage les résultats positifs de l'interaction avec de nombreuses cultures, et soutient le partage du pouvoir entre les différentes cultures. (page 14)
C'est est un processus qui demande le temps, la patience, l'humilité, l'engagement à long terme, et la volonté de faire confiance et de prendre des risques. (page 15)
La construction d'une communauté africaine développée et moderne exigera des stratégies qui fonctionneront à plusieurs niveaux du citoyen africain, des pays africains et des institutions africaines. (page 16)

En tant que leader et citoyen africain, la compréhension et l'unification des cultures est notre obligation. (page 18)

Ce livre vous donnera des informations pratiques sur la façon de comprendre la culture, établir des relations avec des personnes de cultures différentes, agir contre le tribalisme, le régionalisme, l'africanisme, le racisme et d'autres formes de discrimination, créer des organisations dans lesquelles divers groupes pourront travailler ensemble, surmonter l'oppression intériorisée et bâtir des collectivités… (page 20)

L'Afrique est de plus en plus diversifiée. Au tournant du siècle, une personne sur trois sera métissée. (page 21)
Tous les africains doivent être inclus dans le processus de prise de décision afin que nos programmes politiques soient efficaces. (page 23)
Les africains luttent avec des visions différentes pour promouvoir une société juste, équitable, moral et harmonieux… (page 25)

Que ton voisin soit un homme, une femme, un enfant, un handicapé, un homosexuel, une lesbienne, un noir, un blanc, un métis, un albinos, un chrétien ou musulman, un pauvre ou riche, chaque personne a besoin de se sentir accueilli dans le but de créer une communauté... (page 30) Si nous ignorons les différences actuelles ou historiques, nous ne pourrons pas comprendre les besoins des autres. (page 31) Pourquoi ? Parce que des relations de confiance sont les fondations qui maintiennent les groupes de gens qui travaillent sur un... (page 34) En plus des groupes culturels auxquels nous appartenons, nous avons aussi chacun des groupes dans lesquelles nous nous identifions... (page 38)

Mais afin d'établir des relations avec des personnes de différentes cultures, nous devons prendre conscience de la désinformation que nous avons acquise. (page 42) Par exemple, vous pourriez demander à une personne d'origine Franco-congolaise si elle veut être appelé, Français ou Congolais. Ou vous pouvez demander à une personne musulmane comment se déroule le ramadhan chez eux ou à une personne chrétienne comment se déroule la fête de Noël. (page 44) La différence cruciale dans tous les cas est de savoir comment les gens s'identifient eux-mêmes. La discrimination signifie tout simplement la distinction entre une chose et une autre. (page 48)

L'oppression est la discrimination portée à son extrême. Les opprimés ne sont pas seulement victimes de discrimination, mais sont également soumis à la brutalité physique et psychologique, parfois pour avoir désobéi au pouvoir, parfois pour essayer de changer leur état ou parfois par haine. (page 50)

Quand les êtres humains sont ciblés par la discrimination ou opprimés sur une période de temps, ils intériorisent et croient aux mythes et à la désinformation de la société. (page 52)

Souvent, les gens du même groupe culturel se critiquent, méfient, se battent, ou s'isolent les uns des autres. (page 54)

Si les africains comprennent comment surmonter l'oppression intériorisée, ils deviendront plus efficaces à surmonter les inégalités et les injustices présentes en Afrique. (page 56)

L'amitié et la culture sont deux des armes les plus puissantes que nous avons dans la lutte contre l'oppression intériorisée en Afrique. (page 57)

Les gens apprennent à survivre, à se lever pour eux-mêmes, être débrouillard, avoir un sens de l'humour, et à rebondir. (page 58)

La réévaluation est un modèle dans lequel les gens de milieux similaires peuvent se réunir en groupes pour guérir l'oppression intériorisée. (page 60)

Enseigner aux jeunes africains à être fiers de ce qu'ils sont, de leurs ancêtres et de leur culture. (page 67)

En refusant d'acheter une propriété à quelqu'un en fonction de son ethnie, ce qui est illégal, est un acte de tribalisme ou de préjugé institutionnalisé. (page 70)

Bien que nous ne pourrions pas facilement être entièrement libre de préjugés raciaux, nous devons être en mesure d'identifier et de lutter contre le tribalisme, car elle perpétue les privilèges des uns et impose des restrictions imméritées sur les autres. (page 73)

La discrimination peut nuire non seulement à ses victimes, mais aussi à la société en général. Alors que nous essayons dans ce livre d'offrir aux jeunes des instructions étape par étape pour le travail communautaire, changer la mentalité d'un individu ou d'un groupe d'individus ne se produit pas du jour au lendemain. (page 78)

La discrimination peut être réduite si le personnel se diversifie, augmente la prise de conscience de l'autre et lorsque le pouvoir est partagé. (page 82)

En tant qu'africain bâtisseur, il y a des moments où nous avons vraiment besoin de solitude, mais le plus souvent, le travail communautaire nous oblige à s'unir avec les autres. L'union fait la force. (page 92)

L'histoire de votre propre groupe culturel, souvent des générations en arrière, peut influencer la façon dont vous voyez d'autres groupes.

Si vous êtes au courant de la façon dont votre propre patrimoine historique vous a influencé, vous serez mieux équipé pour être un bon partenaire pour les d'autres. (page 94)

Afin de faire face et de changer les problèmes systémiques qui provoquent l'oppression, vous aurez besoin d'un grand nombre de personnes qui travaillent ensemble en collaboration et qui ne sont pas vulnérables à la technique de diviser pour mieux régner. (page 99)

Quand les gens ont été maltraités par la société dans son ensemble ou par votre groupe en particulier, la confiance prendra plus de temps à établir. (page 104)

Afin d'être un partenaire efficace pour les autres, nous devons faire face à nos propres préjugés. (page 105)

Peut-être le moyen le plus important d'être un partenaire est d'agir, de parler, ou de prendre position quand un individu ou un groupe est pris pour cible. (page 107)

Vous pouvez être un bon partenaire en promouvant le leadership des autres car cela permet aux gens d'être indépendant. (page 108)

En tant que partenaire, nous devons amener les autres et les groupes au centre de nos communautés. (page 110)

Minimisez les influences externes qui perpétuent les stéréotypes fondés sur l'ethnie, la nationalité, et d'autres qualités. (page 111)

La culture est définie comme l'ensemble des traditions, des croyances, des coutumes, des histoires et des institutions d'un groupe de personnes. (page 118)

Aujourd'hui, il faut créer des structures et des processus pour veiller à ce que tous les citoyens soient traiter de manière égale et équitable. (page 145)

Encouragez les dirigeants de vos pays à comprendre et œuvrer pour l'inclusion, l'équité, la justice et la démocratie. (page 155)

Le leadership élargit est la capacité des individus à exercer des rôles de leaders au sein des communautés. (page 156)

En Afrique, la relève nécessite généralement le transfert des compétences et des expériences pour construire un avenir meilleur. (page 158)

www.ingramcontent.com/pod-product-compliance
Lightning Source LLC
Chambersburg PA
CBHW020707270326
41928CB00005B/304